KB076295

저잣거리의 목소리들

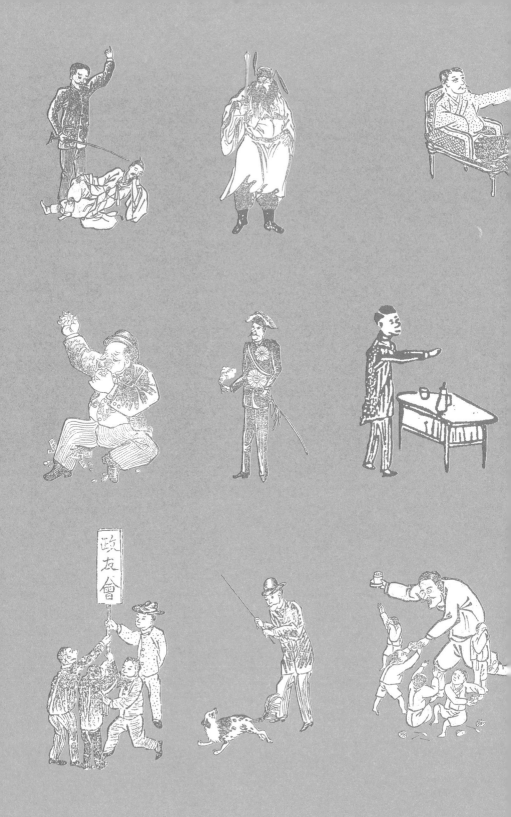

저잣거리의 목소리들

1900년, 여기 사람이 있다

이승원 지음

천년의상상

21세기를 살아가는데 나는 왜 여전히 100여 년 전 세상에 사로잡혀 있을까. 내가 미처 살아보지 못한 삶이기에, 끝끝내 경험하지 못할 세상이기에 그런 것일까. 그때 그 시절 그 사람들이 살아낸 시대와 조우할 때마다 왼쪽 가슴 어디에선가 통증이 인다. 중세에서 근대로 넘어가는 역사의 거대한 소용돌이를 견뎌내야 했던 평범한 사람들을 생각하면 온몸이 저려온다. 그들에 대한 연민 때문이 아니다. 그들의 삶이 내가 살고 있는 오늘의 삶과 겹쳐지기 때문이다.

나는 아직도 근대를 살고 있는 것일까. 당시 신문과 잡지를 읽고 있노라면 더욱 그런 생각에 빠진다. 경제적으로는 발전했지만 저잣거리의 민심과 보통 사람들이 체감하는 삶은 헛헛해 보인다. 그 헛헛함이 때로는 정치적 이상과 일상적 삶의 균열에서 오는 것은 아닐지 생각해본다. 그래서인지 옛 자료를 읽다보면 묘한 기시감이 든다.

《저잣거리의 목소리들》은 이런 내 느낌을 풀어낸 것이다. 《대한민보》에 실린 이도영 화백의 시사만평(삽화)에 매혹된 것은 오래전 일이다. 긴 시간 내 컴퓨터 어딘가에 쪽글과 이미지 파일로만 보관되어 있던 것을 이제야 꺼냈다. 어렵사리 공부하면서 가장 먼저 끌린 주제였으나 너무 늦게 문자화된 셈이다. 곰삭을수록 풍미가 깊어야 할 터인데 알 수 없는 노릇이다.

　이도영 화백의 시사만평을 처음 대면한 것은 1999년이 저물어가는 어느 날이었다. 한 세기가 흐르고 새로운 시대가 동틀 무렵 나는 사우들과 함께 《대한민보》를 읽으며 보냈다. 온통 한자로 도배된 신문을 읽는 일은 녹록지 않았다. 2000년 말쯤 대강의 기사들을 해석해낼 수 있었다. 마음이 후덕한 사우들이 없었다면 애초에 불가능한 일이었다.

　그동안 나는 신문 제1면 정중앙에 보란 듯이 자신의 위용을 당당하게 내세우는 시사만평을 본 적이 없다. 근대 초기 그 어떤 신문도 제1면에 시사만평을 배치하지 않았다. 난해한 한자 부대의 틈을 비집고 위풍당당하게 자리 잡은 이도영 화백의 시사만평은 그 어떤 말보다도 강렬하게 현실을 반영하고 있었다. 대한제국 관료 이병무를 풍자한 시사만평은 충격적이었다. 이도영은 이병무를 욕심 사납게 부풀어 오른 뚱뚱한 배에 축 처진 젖가슴을 드러내고 훈도시만 입은 채 칼을 찬 모습으로 묘사했다. 그리고 일종의 말풍선을 달았다. "벌거벗고 환도 찼군!" 어전에서 칼을 휘두르며 고종에게 양위하기를 겁박한 역적 이병무의 특성을 어쩌면 이토록 잘 포착했을까. 신랄하고 호쾌하며 지적인 이도영 화백의 시사만평은 블랙 유머로 가득했다. 풍자와 해학과 지성이 공존하는 시사만평이 갖추어야 할 모든 것을 담고 있는 듯했다. 그야말로 영롱한 진주였다.

　《대한민보》는 놀라운 매력으로 가득한 신문이었다. 시사만평도 그렇지만 그 주위에는 언제나 한글 신소설이 배치되어 있었다. 나는 이 신문에 더없는 애착을 느꼈다. 연재소설 전부를 타이핑해 한글 파일로 만들고, 시사만평을 모두 복사해두었다. 언젠가는 《대한민보》와 그 시대를 내 글로 재구성하고 싶었다. 하지만 이런저런 이유로 자료는 컴퓨터 폴더 속에서 깊은 잠을 잘 수밖에 없었다.

2009년 뒤늦게 이 책을 구상했다. 원고를 완성한 것이 2013년 1월이고, 책의 형태로 세상에 나오는 때가 2014년 4월이니 참 오랜 시간이 걸렸다. 참 오래도 붙잡고 있었다. 그럴 만한 이유가 있었다.《대한민보》는 흥미로웠고, 특히 시사만평은 눈을 현혹시킬 만큼 강력한 이미지였지만 그 의미를 풀어내는 게 쉽지 않았다. 나는 한 가지를 망각하고 있었다. 하나의 신문과 잡지만으로는 당대 풍경을 오롯이 포착하기 힘들뿐더러 그 뜻 또한 제대로 파악하기 어렵다는 사실을.

그리하여 나는 시사만평을 중심에 두고 근대 초기 신문과 사료들을 다시 겹쳐 읽기 시작했다. 그러자 처음에는 눈에 잡히지 않던 근대 초기의 풍경들이 서서히 말을 걸기 시작했다. 어쩌면 우연이자 필연이었는지 모른다. 세기말에 시작한 내 공부가 대한제국 세기말에 관한 책으로 거듭나게 된 것은.

이 책을 쓰면서 많은 고민을 거듭했다. 한 컷의 공간 속에 고도로 압축된 이미지를 어떻게 이야기로 풀어낼 수 있을까. 어떻게 온기를 불어넣을 수 있을까. 비록 한 컷이지만 이미지가 만들어지는 과정은 단순하지 않다. 이도영 화백이 동시대인들과 함께 살아내고, 살아가고 싶은 세상이 응축되어 완성되었으리라 나는 믿는다. 그래서 시사만평과 연관된 대한제국 저잣거리의 풍경을 이야기로 만들고, 시사만평을 분석해 덧붙였다.

다루는 내용들은 역사책에 등장하는 굵직굵직한 사건이 아니다. 어쩌면 매우 사소해 보이는 사건과 사고와 소문이 중심을 이룬다. 우리의 일상은 거대한 사건에만 휩쓸려가는 것이 아닐 터이다. 사소해 보이는 사건 역시 우리의 과거이자, 그때의 우리가 절실하게 살아낸 역사가 아닐는지.

10년 전 내가 허허벌판에서 홀로 방황할 때, 나는 외롭고 슬프고 허기져 있었다. 그때 내 손을 따뜻하게 잡아준 사람들이 있었다. 그들 덕에 나는 어쭙잖은 재주를 펼칠 수 있었다. 지금 보니 그들 중 누군가는 외롭고 슬프고 허기져 보인다. 함께 힘을 냈으면 좋겠다. 이토록 척박한 삶을 즐겁게 견뎌냈으면 좋겠다.

2014년 3월
이승원

차례

시사만평으로 읽는
대한제국 사람들의
목소리

시대가 암울하다 해서

모두 애국자가 된 것은 아니요,

일제를 당연시해 협력자가 된 것도 아니었다.

나 한 몸 잘살기 위해

기회주의자의 길을 택한 것도 아니요,

권력자의 다툼쯤으로 여기며

강 건너 불구경하듯

살아간 것 또한 아니었다.

대한제국의 탄생

대한제국의 역사는 짧았다. 하지만 조선왕조 500년보다 더 파란만장한 역사를 연출했다. 황제의 나라, 서구 열강과 같은 제국을 꿈꾸던 대한제국의 역사는 약 13년에 불과했다. 이 13년은 한국 근대의 기원이 싹튼 시간이자 주자학적 세계에서 서구 중심의 근대 세계로 이동하는 전환기였으며 혼란의 시기였다. 주자학의 나라에서 근대 문명국가로 변화하기 위해 처절한 격투를 벌인 이 시간 안에는 지금 우리의 삶과 일상을 지배하는 제도와 규율과 풍속과 문화가 고스란히 담겨 있다. 그렇기에 대한제국은 이미 사라진 제국이지만 여전히 우리 삶에 끈덕지게 달라붙어 있는 뒷그림자와 같은 나라이다.

1897년 고종은 아관파천俄館播遷을 끝내고 경운궁으로 돌아왔다. 그리고 칭제건원稱帝建元을 추진했다. 그동안 군주의 존호였던 왕을 황제로 높여 부르고, 독립적 연호 사용을 천명한 조선 역사상 미증유의 사건이었다. 물론 3년 전 갑오개혁 때도 중국의 연호를 폐지하고 개국기년開國紀年을 사용했다. 그때의 연호는 건양建陽이었다. 그렇지만 이는 일본 제국의 정치적 야욕이 반영된 결과였다. 일본 제국은 조선을 중국과 떼어놓음으로써 자신의 영향력 아래 두고 싶었던 것이다. 일

경운궁 대안문 앞 고종의 행차. 1897년 10월 12일 고종은 대한제국 선포와 함께 황제 즉위식을
거행하였다.

본 제국주의의 거센 파고가 조선 반도를 강타하자 고종은 러시아 공
사관으로 집무실을 옮김으로써 일본과 그 권력을 추종하는 세력을 견
제하려 했다. 러시아 공사관에 머무는 동안 고종은 황제의 나라를 꿈
꾸었다. 경운궁으로 환궁한 후 스스로 황제 자리에 올랐다. 국호를 대
한제국으로 바꾸었고 독립·자주적 연호인 광무光武를 사용했으며 환
구단圜丘壇을 세웠다. 1897년 10월 12일 비로소 황제 즉위식을 거행했
다. 대한제국의 파란곡절 역사가 시작된 것이다.

왕에서 황제로, 조선에서 대한제국으로, 광서光緖에서 건양, 다시 광무로의 전환은 단순한 명칭 변화가 아니었다. 이는 세계관의 변화이자 국가 정체성을 새롭게 구성하는 일이었다. 고종황제의 대한제국 선포는 세계만방에 대한제국이 자주독립 국가임을 알리는 기념비적 사건이었다. 500여 년간 지속해온 중국과의 사대관계와 조공시스템을 청산하고 중국과 일본 및 다른 세계열강들과 대등한 위치에 올라서려 했다. 국호에도 '제국'을 넣어 서구 제국들과 어깨를 나란히 하려는 욕망을 강력하게 표출했다.

마침 1896년《독립신문》이 창간되었다.《독립신문》의 '독립'은 중국으로부터의 독립을 뜻한다. 대한제국의 근대 개화 프로젝트는 두 방향으로 전개되었다고 말할 수 있다. 고종황제와 개화파 관료를 중심으로 한 정부 주도 개혁과《독립신문》과 독립협회를 중심으로 한 민간 주도 개혁이다. 출신성분이나 구성원은 달랐지만, 정부와 민간의 목표는 거의 동일했다. 대한제국을 근대적 문명국가로 재탄생시키겠다는 목표였다.《독립신문》은 대한제국 선포와 고종의 황제 즉위식 경축 논설을 1897년 10월 5일, 12일, 14일 연달아 세 번에 걸쳐 보도했다.

황제폐하께서 황룡포를 입으시고, 황룡포에는 일월성신을 금으로 수놓았으며, 면류관을 쓰시고, 경운궁에서 환구단으로 거동하실 터이다. 백관은 모두 금관 조복을 하고, 어가를 모시고, 즉위단에 가서 각각 층계에 서서 예식을 거행할 터이다. 이 예식을 마친 후에는 대군주폐하께서 대황제폐하가 되시는 것을 천지신명에게 고하시는 것이다. 조선은 그날부터 왕국이 아니라 제국이며, 조선 신민은 모두 대조선제국 신민이다. 조선 단군

환구단의 정문. 환구단은 천자天子가 하늘에 제를 드리는 곳이다. 1897년 고종은 대한제국 황제로 즉위하면서 천자가 되어 완전한 제천의식을 행하였다.

이후에 처음으로 황제의 나라가 되었으니, 이 경사로움과 기쁨을 조선 신민들이 칭량 없이 여길 듯하더라. (중략) 광무 원년 10월 12일은 조선 사기 몇만 년 동안 제일 빛나고 영화로운 날이 될 것이다. 조선이 몇천 년을 왕국으로 지내어 가끔 청국에 속하여 속국 대접을 받고 청국의 종이 되어 지낸 때가 많이 있더니, 하느님이 도우샤 조선을 자주독립국으로 만드샤 이 달 12일에 대군주폐하께서 조선 사기 이후 처음으로 대황제 위에 나가시고 그날부터 조선이 다만 자주독립국뿐만 아니라 자주독립한 대황제국이 되었으니 나라가 이렇게 영광된 것을 어찌 조선 인민이 되어 하느님에 대하여 감격한 생각을 하지 않으리오.

〈논설〉,《독립신문》, 1897. 10. 5./14.

온 나라가 대한제국 선포에 들썩거렸다. 《독립신문》의 편집진은 대한제국 성립을 단군 이래 최대의 기념비적 사건으로 칭송했다. 《독립신문》 1897년 10월 16일자 논설 첫머리에는 "조선 국명이 변하여 대한국이 되었으니, 지금부터는 조선 인민이 대한국 인민이 된 줄로 아시오"라는 문장이 보통보다 세 배 정도 더 큰 활자로 편집되어 게재되었다. 조선 인민에서 대한(제)국 인민으로의 전환이 저잣거리에까지 전달되었다. 《독립신문》의 관계자들은 덧붙여 애정 어린 충고도 잊지 않았다. 말로만 황제의 나라이면 곤란하다는 얘기였다. 진정 대한제국이 서구 열강과 같은 제국이 되려면 피땀을 바쳐 개화계몽사업에 매진해야 한다는 뜻이었다. 대한제국 인민은 이제 조선과 왕의 인민이 아니라 제국과 황제의 인민이니 이에 걸맞은 행동을 해야 한다는 충고 또한 빠뜨리지 않았다. 그렇다면 《독립신문》이 주장하는 "걸맞은" 행동이란 과연 무엇일까. 그것은 다름 아닌 '문명인 되기'였다.

문명과 야만 사이

《독립신문》은 창간 이후부터 지속적으로 대한제국 인민에게 문명인이 되라고 목소리를 높였다. 문명인이 된다는 것은 구시대적 삶의 태도와 방식을 모조리 바꾸는 것이었다. 1896년 11월 14일자 《독립신문》의 논설은 '문명인 되기'의 절박함을 철저하게 '문명과 야만'이라는 위계적 관점에서 주장한 글이다. 1896년 현장의 목소리를 요즘 문체로 바꿔 다시 보도하면 이렇다.

지금의 조선은 혼자 사는 나라가 아니라 세계 각국 사람들과 함께 사는 나라다. 그들과 교제하지 않으면 안 된다. 그러려면 대강 외국 풍속을 알아야 야만적으로 보이지 않을 것이다. (중략) 교제하는 데 있어 제일 중요한 것은 첫째 점잖게 보여야 하고, 둘째 거짓말하지 않는 사람으로 보여야 한다. (중략) 그 외 조선 사람이 사소한 예법과 풍속을 아는 것이 좋을 듯하기에 우리가 오늘 대강 기록한다. 외국 부인을 만날 때에는 그 예를 사나이보다 더 공경하게 하고 부인 앞에서는 담배를 피우지 않으며, 음담패설과 더러운 물건을 이야기하지 않고, 대소변 같은 말은 당초에 옮기지 말아야 한다. 다른 사람 집에 갈 때에는 파나 마늘이나 냄새나는 음식을 먹고 가서는 안 되며, 더러운 옷이나 냄새나는 몸으로 가서도 안 된다. 다른 사람에게 내 살을 내보이는 것 또한 큰 실례다. 남 앞에서 트림, 하품. 재채기하는 것도 실례요. 어쩔 수 없이 재채기할 경우에는 입을 손으로 가리고 아무쪼록 소리가 덜 나도록 한 후 상대편에게 용서해달라 말하는 것이 예의다. 다른 사람 앞으로 지나갈 때에는 용서해달라 한 후 지나가고 다른 사람의 부인과 인사할 때에는 부인이 손을 먼저 내밀어 흔들자고 하면 부인의 손을 공경하여 붙잡고 한 번이나 두 번 잠깐 흔드는 것이 옳다. 부인이 손을 내밀지 않았을 때 내 손을 먼저 내미는 것은 실례다. (중략) 남 보는데 코 후비기, 이 쑤시기, 귀 후비기, 머리와 몸 긁기, 음식 먹을 때 소리 내서 입맛 다시기, 먹을 때 소리 내서 마시기는 모두 실례다. 무슨 음식이든지 손가락으로 집어먹지 말고 칼(나이프)과 수저를 소리 나게 상이나 접시 위에 놓지 말며, 음식 먹을 때에는 아예 부정한 이야기를 하지 말아야 한다. 어떤 사람의 집에를 가든지 명함을 가지고 다녀야 한다. (중략) 급한 일이 없으면 다른 사람 집을 방문할 때에는 항상 오후 2시 이후에 가는 것

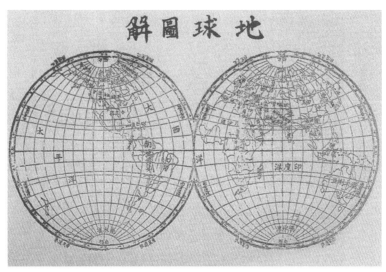

1883년 10월 31일자 《한성순보》 창간호에 실린 지구도해. 《한성순보》는 지구도해와 지구전도를
실어 중화중심주의 세계관의 변동을 이미지로 보여주었다.

이 예의다. (중략) 우리가 알 일이 무수히 많으나 오늘은 다 말할 수 없으니
후일에 다시 더 기록하겠다.

'문명인 되기'는 곧 문명의 매너를 숙지하는 일이었다. 서구 사람의
예법이 문명의 상징이 되자 조선 사람은 어느 날 갑자기 '야만인'으로
전락하고 말았다. 철저하게 계몽·개혁되어야 할 대상이 된 것이다.
대한제국을 선포하면서 '조선'의 근대화 프로젝트는 본격적으로 가동
되기 시작했다. 《독립신문》을 비롯한 신문은 근대화 프로젝트의 당위
성을 저잣거리 인민에게 널리 알리는 소셜 메신저였다. 물론 무지몽
매한 인민도 많았다. 글을 읽고 쓸 줄 모르는 사람이 대부분이었다.

하지만 당시 신문 읽기의 관행은 홀로 묵독하는 것이 아니었다. 글을 읽을 줄 아는 사람이 글을 모르는 이에게 신문을 읽어줬다. 한 장의 신문은 여러 사람이 돌려가며 읽었다. 이때의 신문은 인터넷처럼 빛의 속도는 아니었지만, 시대의 중요한 이슈를 수많은 조선 인민에게 전달하고 그 이슈를 공론화하는 소셜 메신저로서의 역할을 적극적으로 수행해갔다.

바야흐로 대한제국은 근대 계몽·개혁 시대로 돌입했다. 일본과 중국의 영향력으로부터 어느 정도 벗어났다고 생각했다. 그러나 복병을 만났다. 러시아였다. 앞서 말했지만 아관파천은 일본 제국과 그 추종 세력을 견제하려는 고종의 정치적 결단이었다. 아관파천을 단행하고 대한제국이 들어서자 일본 제국 대신 러시아 세력이 대한제국 국정을 간섭해 들어왔다. 러시아에 연줄을 댄 일부 대한제국 관료들의 부정부패가 끊이지 않았다.

이 무렵 대한제국의 계몽 지식인으로 자임하던 계층은 독립협회와 《독립신문》, 협성회와 《협성회회보》, 《매일신문》 등의 편집진이었다. 이들의 목표는 대한제국 인민의 문명화였다. 서구 문명국 사람들의 삶의 방식을 대한제국 인민의 삶 속으로 이식하는 것이었다. 이들은 대한제국 인민의 몸에 밴 구시대적 삶의 습속을 모조리 갈아엎고자 했다.

그들이 바라던 대한제국 사람들의 삶이란 이런 것이었다. 사서삼경을 외는 서당 교육이 아니라 세계 지리와 과학을 가르치는 신식 학교 교육을 받아야 한다. 중국의 대명률보다 서구의 만국공법을 따라야 한다. 농업보다 공업에 힘을 쏟아야 한다. 게으름을 박멸하고 시간의

대한제국 시기 계몽 지식인들, 1908년. 앞줄 오른쪽에서 두 번째가 《한성순보》 창간에 참여했던 장석주이다. 계몽 지식인들은 옛것을 버리고 새것을 받아들여 대한제국 근대화와 문명화를 이뤄내야 한다고 주창했다.

귀중함을 알아 근면 성실해야 한다. 음식은 날것이 아니라 익혀 먹어야 한다. 상투와 한복보다 단발하고 양복을 즐겨 입어야 한다. 조혼은 마땅히 폐지해야 하며 적정한 연령이 되면 본인 의사에 따라 자유롭게 결혼해야 한다. 노름과 음주가무는 패가망신의 근본이니 금욕적 생활을 해야 한다. 한의사는 무식한 돌팔이이니 서구 의술을 배우고 따라야 한다.

이처럼 '야만의 조선인'에서 '문명의 대한제국 인민'으로 거듭나기 위해 일일이 나열하기 어려울 정도로 많은 것이 바뀌어야 했다. 이러한 시민 사회 계몽 지식인의 목표는 정부와도 크게 다르지 않았다. 개혁만이, 계몽만이, 근대화만이 험난한 제국주의 시대를 돌파할 수 있는 유일한 방법이라고 생각했다. 대한제국 정부가 제도적 측면에서 근대화 프로젝트를 추진했다면, 시민단체는 대한제국이 시행하는 제도의 효용성을 인민에게 설파했다.

정부와 시민단체가 대한제국 인민에게 옛것을 버리고 새것을 받아들여야 한다며 전방위로 압박을 가했지만, 인민의 삶이 하루아침에 변하지는 않았다. 한자를 폐지하고 한글을 사용하라 명령하자 반발하는 유생이 넘쳐났고, 위생 규칙이 제정되어 장발과 똥 같은 오물 처리에 대한 단속이 강화되자 거세게 저항하는 인민이 늘어났다. 하지만 정부와 계몽 지식인은 대한제국 근대화와 문명화 과정에서 어쩔 수 없이 발생하는 희생쯤으로 여기며 인민의 의견을 묵살했다. 근대화 · 문명화라는 목표 앞에 정부와 시민단체는 공생관계였다. 그러나 1898년이 되자 정부와 시민단체의 신뢰 프로세스에 균열이 생기기 시작했다.

1898년, 문명의 대전환

아관파천은 대한제국 성립의 계기가 되었지만, 러시아의 대한제국 이권 침략의 빌미가 되었다. 또한 '친일파'가 아닌 '친러파'가 국정을 장악했다. 러시아의 한러은행 설립, 절영도 조차租借 요구, 재정권과 군사권 개입, 친러파 관료의 부정부패 등으로 정부와 시민단체 사이에 충돌이 일어났다. 러시아가 대한제국 정책에 관여하면서 이권을 챙기려 하자 시민단체와 인민은 대한제국의 자주권이 강탈당할 수 있다는 위기감에 빠졌다. 세계만방에 자주독립 국가 성립을 선언한 대한제국 선포가 수포로 돌아갈 위기에 처한 셈이었다.

급기야 1898년 독립협회를 중심으로 대한제국 국정개혁을 요구하는 대중 집회가 열렸다. 만민공동회였다. 대한제국 인민은 만민공동회에 모여 연일 시국 규탄 집회를 벌였고, 정부와 인민이 함께 모여 국정을 논의하는 관민공동회로 이어졌다. 마침내 대한제국 정부는 러시아와의 거리두기를 결정하였으며, 정치 체제의 전면개혁도 약속했다.

관민공동회에서 시민단체는 입헌군주제를 정부 측에 요구했다. 이에 따라 정부는 중추원 신관제新官制를 공포했는데 기득권이던 보수파의 흑색선전으로 모든 것이 물거품처럼 사라졌다. 보수파는 시민단체가 의회를 설립하려는 것이 아니라 고종을 폐위하고 박정양을 대통령으로, 윤치호를 부통령으로 하는 공화제共和制를 수립하려 한다는 전단을 뿌렸다. 이에 진노한 고종은 공권력을 동원해 만민공동회를 해산시켰으며, 곧 독립협회도 무력화했다. 보수파가 원한 것은 자신들의 이익 보존일 뿐, 인민의 삶에는 관심조차 없었다. 인민이 정치적 주체로 거듭나는 것은 더더욱 바라지 않았다. 결국 만민공동회는 실패해 역사의 뒤안길로 사라져갔다.

그러나 1898년은 대한제국 시기 중 가장 중요한 해이자 문명의 역사적 분기점이었다. 그것은 정부나 기득권층의 입장이 아니라 평범한 인민의 입장에서 귀중한 전환점이었다. 대한제국 인민은 더 이상 왕의 '신민' 혹은 '백성'인 수동적 존재가 아니라 근대적 의미에서의 정치적 아이덴티티를 획득해갔다. 자신을 떳떳한 주체로서의 국가 구성원으로 자리매김해갔으며, 자유와 평등, 의회 민주주의 같은 정치적 감수성을 키워나갔다. 또한 오랫동안 절대 진리이자 숭고한 이념이었던 주자학적 세계관에서 벗어나 세속적 진리인 객관적 합리성의 세계에 눈을 뜨게 되었다.

만민공동회와 독립협회가 공권력에 무참하게 제압당한 후 한동안 대한제국은 황제전권시대였다. 국정개혁을 요구하는 목소리는 전보다 잦아들었고, 시민단체의 활동도 뜸해졌다. 친러적 성향이 강한 수구파 정부가 국정을 장악했다. 한편 이러한 정세를 주시하고 있던 일본 제국은 한반도에서 러시아를 몰아내고 대한제국을 자신의 수중에 넣기 위해 치밀한 전략을 세운다. 바로 러시아와의 전쟁(1904~1905년)이었다. 일본 제국은 청일전쟁에서 승리함으로써 동아시아 패권을 장악했다. 일본의 승리는 오랫동안 이어져온 '중화'의 붕괴를 의미했으며, 중국 중심의 동아시아 질서가 막을 내렸음을 대외적으로 알리는 상징적 사건이었다. 러일전쟁을 통해 일본 제국은 동아시아를 넘어 서구 제국주의 열강과 어깨를 나란히 할 수 있다는 힘을 과시했다. 러일전쟁 종식 후 일본 제국은 대한제국의 치안권과 외교권을 강탈했고, 대한제국은 서서히 반식민지로 전락해갔다.

혼돈 속 다채로운 삶과 욕망의 무늬

1905년 대한제국이 당면한 위기는 더 이상 서구 제국주의 열강의 침

탈이 아니라 일본 제국의 대대적 침략행위에 있었다. 문명과 야만 차원의 문제가 아니었다. 일본 제국 역시 서구 문명의 수혜자였다. 대한제국과 일본 제국의 대결구도에서 중요한 것은 '민족'이었다. 1905년을 기점으로 대한제국에는 애국심을 기반으로 한 민족주의 바람이 거세게 몰아쳤다. 1905년 이전의 근대화 프로젝트나 개화계몽사상이 서구 제국주의 열강을 따라잡으려는 욕망의 산물이었다면, 1905년 이후 등장한 운동의 요체는 일본 제국을 적으로 상정하는 '애국계몽'이었다. 교육, 문화, 산업 등 모든 분야에 어김없이 '애국'이라는 방점이 콕 찍혔다.

통감부 지배하의 대한제국 일상은 그야말로 혼돈과 파열음으로 가득했다. 일본 제국의 통치 정책은 대한제국을 식민지화하는 것이었다. 그렇지만 일상에서 추진한 그들의 정책은 많은 부분 근대 초기 대한제국 계몽 지식인이 주장하던 문명화 혹은 근대화 프로젝트와 닮아 있었다. 당연한 결과였다. 일본 제국 역시 서구 제국주의 열강의 문명화 과정을 답습했고, 이를 일본식으로 변용하여 대한제국을 통치하려 했기 때문이다. 일례로 개항 이후 대한제국 계몽 지식인을 주축으로 추진되었던 위생개혁은 통감부 시대에 실시된 것과 비슷하다. 전자를 문명화를 위한 것으로, 후자를 대한제국 식민지화 정책의 일환으로 단순화할 수는 없는 노릇이다.

이처럼 1905년 이후 대한제국은 서구 문명을 기반으로 한 장기 지속적 근대화 프로젝트와 일본 제국 버전의 대한제국 식민지 근대화 프로젝트 그리고 대한제국 자주독립을 위한 애국계몽 프로젝트가 뒤섞여 있었다. 따라서 이 시기를 살았던 수많은 대한제국 인민의 일상

100여 년 전 혼돈과 격랑의 시대를 살아간 대한제국 사람들. 역사책에 씌어지지 않았을지라도, 기억되지 않았을지라도 그곳에 지금의 우리와 같은 사람이 살고 있었다.

역시 희뿌연 먼지 속을 떠도는 것과 같았다. 정치와 일상이 혼연일체가 되는 것은 불가능에 가까운 일이다. 대한제국 인민의 삶 역시 마찬가지였다. 시대가 암울하다 해서 모두 애국자가 된 것은 아니요, 일제를 당연시해 협력자가 된 것도 아니었다. 나 한 몸 잘살기 위해 기회주의자의 길을 택한 것도 아니요, 권력자의 다툼쯤으로 여기며 강 건너 불구경하듯 살아간 것 또한 아니었다. 1905년에서 1910년 사이의 대한제국 인민은 정치와 일상을 따로 또 같이 살아냈다. 그러면서 다채로운 삶과 욕망의 무늬를 짜나갔다. 한 몸으로 두 삶, 아니 여러 겹의 삶을 살아가야 했던 것이다. 조선과 대한제국, 서구와 일본, 주자학적 세계관과 근대적 세계관이 뚜렷한 경계를 짓지 못한 채 대한제국의 나날은 흘러갔으며 마침내 종말의 날이 서서히 다가오고 있었다.

한 컷으로 대한제국 사람들의
목소리를 대변하다

대한제국이 파국으로 치닫던 무렵의 풍경은 어땠을까. 세기말의 혼란이 아닌 제국의 멸망을 목전에 둔 이들의 세상살이는 어떤 모습이었을까. 나는 이 책에서 대한제국 멸망 직전의 풍경을 중심으로 그 시기 사람들의 세상살이와 생생한 목소리를 재구성하고자 한다. 이를 위해 선택한 주된 사료는 《대한민보》에 실린 이도영 화백의 시사만평과 당시 발행된 여러 신문의 3면 기사이다.

1909년 6월 2일 창간된 대한협회 기관지 《대한민보》는 한국 최초의 시사만평을 실었다. 대한협회는 대한제국 최후의 자강운동自强運動 조직이라 불린다. 근대 초기 신문과 잡지에는 시사만평을 비롯한 다양한 이미지가 실렸는데, 이는 일종의 시각 혁명이었다. 지식과 정보 그리고 정치적 메시지를 압축적으로 보여주는 볼거리의 출현은 미디어의 시각화이자 시각의 근대화였다.

"삽화"라는 제목으로 등장한 《대한민보》 시사만평의 작가는 이도영 화백이다. 대한제국 말 대표적 화가 조석진과 안중식의 수제자인 그는 15세 무렵 신식 화폐를 만드는 전환국典圜局에서 견습생으로 일하며 석판술과 도안법을 배웠다. 《대한민보》 시사만평은 이도영 화백이

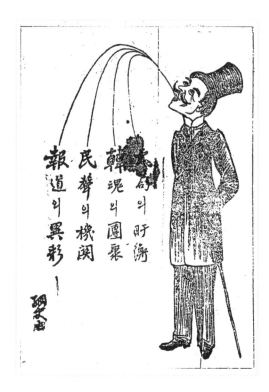

이도영, 《대한민보》, 1909. 6. 2.
"대국의 우형, 한혼의 단취, 민성의 기관, 보도의 이채." 과연 무슨 말일까. 간략하게 풀어보면 다음과 같다. 시국의 정세를 저울질해 살피고, 대한의 혼을 하나로 모아, 인민의 소리를 듣는 기관이 되어, 남다른 방식으로 보도하겠다.

원안을 그리고, 조각가 이우승이 목판본으로 판각한 다음 인쇄한 작품이다. 이 화백은 시사만평뿐 아니라 여러 소설과 교과서의 삽화를 그렸으며, 계몽가로서 국민교육회와 대한자강회, 대한협회 등에 참여해 자강계몽운동을 펼치기도 했다.

《대한민보》시사만평은 당대 사회적 이슈와 세태를 한 칸의 공간 속에 녹여냈다. 등장하는 내용은 문명개화, 부국강병, 친일 협력 비판, 일제 통감부 정책 비판 등으로 다양했다. 저잣거리 사람들의 목소리를 예리한 시선으로 포착해 역사적 상황과 민심을 이해하는 데 매우 소중

한 자료인 것이다. 그러나 시사만평은 고도로 압축된 상징체계이자 알레고리이다. 따라서 그 상징과 알레고리를 풀기 위해 당시 발행된 다양한 신문과 겹쳐 읽어야 한다. 그래서 선택한 자료가 3면 기사이다.

앞서 말했지만, 당시 신문과 잡지는 현재의 포털사이트나 소셜 메신저와 같은 기능을 했다. 대한제국 이전까지만 해도 정치, 경제, 문화에 대한 이슈나 일상에서 벌어지는 자잘한 사건과 사고가 유통되는 방식은 대부분 사람들의 입에서 입으로 전해지는 소문이었다. 그러나 《독립신문》, 《제국신문》, 《매일신문》, 《황성신문》, 《대한매일신보》, 《만세보》, 《대한민보》와 같은 근대식 신문 미디어가 등장하면서 세상만사가 입으로 퍼지는 '소문'이 아닌 '활자'로 유통되기 시작했다.

요즘도 마찬가지이지만 당시 신문 기사가 모두 사실fact이라고 단언할 수 없다. 신문은 근거 없이 떠도는 소문과 사실이 기묘하게 동거하는 미디어였다. 특히 신문 3면에 실린 기사는 더더욱 그랬다. 1면이 논설, 관보, 외신을 중심으로 한 정론 기사를 다룬 반면, 2면과 3면은 사건·사고 중심의 사회 기사를 실었다. 그중에서도 3면에는 잡보, 소설, 지방통신, 기담, 광고 등이 포진해 있었다. 3면이야말로 당시 사회의 총천연색 표정을 잘 드러낸다 말할 수 있는 셈이다. 지금도 사회면 기사의 별칭을 '3면 기사'라고 표현하는데, 이는 신문 면수가 4면이었을 때의 관행에서 유래한 것이다. 저잣거리의 다양한 소문, 공인의 스캔들부터 사기와 도박, 절도와 살인에 이르기까지 온갖 사건·사고가 3면을 가득 채웠다. 그 속에는 흔히 정사正史보다 야사野史에 기록될 만한 소재가 많았다. 교과서에서 찾아보기 힘든 역사 속 군상의 삶과 일상과 욕망이 적나라하게 드러난 것이다.

3면에 실린 기사는 당대를 살았던 사람들의 삶의 흔적이자 욕망의 무늬이다. 그것은 제도적 역사책에 기록되지 않았지만 분명 우리의 역사이자 현재 모습을 반추하는 거울이다. 장작불을 지피고 국밥을 나눠먹고. 초등학생의 연설이 집회장을 감동의 물결 속으로 몰아넣었던 1898년 만민공동회 모습은 오늘날 '촛불집회' 풍경과 다르지 않다. 이념의 실천만으로 인민의 삶이 행복해지리라는 착각에 빠진 일부 개화파와 국민의 살림살이보다 사익 추구를 위해 권력에 줄을 대는 사이비 보수파는 어쩐지 닮아 있다. 한일병합이라는 어수선한 틈을 타 난립했던 각종 단체의 이권 챙기기는 지금의 선거철 풍경과 멀지 않다.

요컨대《대한민보》의 시사만평과 당시 신문의 3면 기사를 중심으로 대한제국 사람들의 목소리와 세상살이 풍경을 갈무리했다. 단순한 갈무리라기보다 나름대로 중요하다고 판단되는 시사만평과 기사를 골라 뼈대를 다듬고 살과 근육을 다시 붙였다. 그리하여 이 책은 대한제국 당시의 신문처럼 '볼거리'와 '읽을거리'의 이중체계로 전개될 것이다. 이제, 혼돈과 격랑의 시대를 살았던 대한제국 사람들, 한 몸으로 여러 겹의 삶을 살아야 했던 사람들, 주자학적 가치관과 근대적 가치관의 충돌을 온몸으로 견디며 살았던 그때 그 사람들의 사소하지만 절박한 외침과 몸부림 속으로 들어가보자.

1장

무당과 점쟁이

—권모술수의 달인들

세상이 어지러울수록,

국정을 이끌고

환난에 대처할

능력이 부족할수록,

왕과 왕후는

무당과 점쟁이의 말에

의지했던 시절이다.

무당과 점쟁이를 능지처참하여 주시옵소서

이토 히로부미가 하얼빈 역에서 파란만장한 생을 마감했다. 1909년 10월 26일이었다. 이토 히로부미가 죽자 어떤 이들은 기쁜 마음을 감추지 못했고, 어떤 이들은 애석해했다. 안중근의 이토 히로부미 저격 장면이 활동사진으로 공개되기도 했다. 대한제국 정부는 이토 히로부미의 친족에게 위로금으로 10만 환을 보냈다. 그를 존경하고 따르던 일부 조선인이 머리 숙여 '사죄회'를 조직하는 어처구니없는 일도 벌어졌다.

이토 히로부미가 죽은 지 5개월이 훌쩍 지났다. 이토 히로부미와 친밀한 사이였던 관료들은 그의 죽음을 매우 안타까워했다. 일부 관료만 그런 것은 아니었다. 수련이라는 여성이 이토 히로부미의 삼년상을 받든다며 자신의 집을 전당 잡혀 돈을 빌렸다. 그렇다면 수련과 이토 히로부미는 어떤 관계였을까. 왜 수련은 급전을 빌려서까지 이토의 삼년상을 치르려 했던 것일까.

이토 히로부미가 초대 통감이 되기 전인 1904년 12월 14일이었다. 공진회共進會에서 정부에 서신을 보냈다. 시정개혁에 대한 간절한 바람을 담은 것이었다. 그런데 이 서신에는 매우 충격적인 내용이 포함

1909년 11월 4일 일본 도쿄에서 국장으로 치러진 이토 히로부미의 장례식.

되어 있었다. 조선인 18명을 처형해달라는 것이었다. 공진회는 이들의 처형이 혼란에 빠진 정치를 개혁하는 데 가장 중요한 일이라 주장했다. 18명은 강홍대, 성광호, 김대진, 장환기, 최병주, 정환덕, 장두환, 조세환, 강회람, 이인순, 이재인, 안영중, 이정훈, 최병규, 한진문, 이필화, 계향, 수련이었다. 이들은 임금의 눈과 귀를 막아 가리고 백성들에게 해독을 끼쳤다는 죄목으로 공진회의 살생명부에 올랐다. 도대체 임금과 백성들에게 끼친 해독이란 무엇이었을까. 공진회에서 지목한 18명의 직업은 무당과 점쟁이였다. 더군다나 계향과 수련을 제외한 나머지는 정부의 녹을 먹는 관료였다.

무당 요물 수련이는 이등공의 혼백상魂魄像을 굉장하게 벌여놓고 삼년상을

지낸다고 경시청에 청원한 후 일전부터 시작하여 조석상식朝夕上食 지낸다
니 그 효성이 끔찍하다.

〈시사평론〉,《대한매일신보》, 1910. 3. 10.

공진회의 읍소에도 불구하고 무녀巫女 수련은 살아남았던 모양이
다. 수련은 이토 히로부미의 화상畵像을 집에 걸어놓고 그의 명복을
빌었다. 게다가 봉신회奉神會를 조직하고 이토 히로부미의 추도회를
거행했다. 참석한 인원만 약 600여 명이었다. 수련은 봉신회를 종교
로 인정해달라고 정부에 탄원서까지 제출했다. 물론 이 청원은 기각
되었다. 다른 조선인에게는 민족의 원수인 이토 히로부미를 '존경'한
수련. 당시 신문지상에 종종 "요망한 년"으로 이름을 날린 무녀 수련
은 왜 이토 히로부미의 제사를 지내야 했던 것일까.

무당 진령군의 등장

군인들이 들고 일어났다. 1882년 임오군란이었다. 군인들은 궁궐을
장악하고 민씨 척족을 죽였다. 생명에 위협을 느낀 왕후는 서둘러 도
망쳤다. 대원군은 시끄러운 틈을 타 다시 정계로 진출하여 정권을 장
악해갔다. 그는 눈엣가시였던 왕후를 처단하는 것만이 자신의 권력을
영속하는 최선의 방법임을 잘 알고 있었다. 궁궐을 탈출한 왕후를 기
필코 체포해야 했다. 만인이 보는 앞에서 과거 권력을 처단하고 자신
이 건재하다는 사실을 과시해야 했다.

도강渡江 금지 명령이 내려졌다. 왕후를 체포하기 위한 방책이었다.

군인들의 총칼을 피해 도망친 왕후는 뱃사공에게 금반지를 빼 던져주었다. 그제야 겨우 강을 건널 수 있었다. 경기도 광주를 지나다 잠시 쉬었다. 그때 한 노파가 왕후에게 말을 건넸다. 노파는 왕후를 알아보자 못했다. 당연한 일이었다. 촌부가 어찌 구중궁궐에 사는 왕후를 알아보랴. 입방정이 문제였다. 노파는 중전이 음란하여 난리가 일어났다며 호들갑을 떨었다. 중전 때문에 아가씨 같은 분까지 피신을 가는 상황이 벌어졌다며 한숨을 내쉬었다. 왕후는 노파의 말을 마음속 깊이 새겨두었다. 훗날 난리가 진정되고 환궁한 왕후는 사람을 시켜 노파가 사는 마을을 깡그리 없애버렸다. 민간에 떠도는 왕후에 대한 소문은 여러 가지였으나 음란하다는 화제가 사람들의 입에 가장 자주 오르내렸다. 마리 앙투아네트가 그랬던 것처럼.

한양과 가능한 한 멀리 떨어져야 했다. 왕후는 계속 남쪽으로 내려갔다. 광주를 지나 충주에 이르렀다. 이때 어느 무당을 만났다. 왕후가 무당을 찾은 게 아니라 무당이 왕후를 찾아왔다. 불안과 공포에 휩싸인 왕후는 지푸라기라도 잡는 심정으로 무당에게 자신의 앞날을 점쳐달라 했다. 무당은 왕후의 환궁일을 점쳤다. 우연이었을까? 아니면 무당에게 신통한 능력이 정말 있었던 것일까? 무당이 점지한 바로 그날, 왕후는 그리던 궁으로 돌아갔다. 무당과 함께였다.

이 무당의 정체는 무엇이었을까. 무당은 자신을 관우의 딸이라고 떠벌렸다. 왕후는 무당을 진령군으로 봉해주었고, 그녀의 뜻에 따라 관우를 모시는 신당인 북관왕묘도 세워주었다. 왕후의 총애를 한 몸에 받은 진령군은 정치에 개입하여 권력을 휘두르기 시작했다. 왕후는 궁궐에서 굿판을 벌였다. 명산대천을 찾아다니며 치성을 드리기도

남관왕묘 정전. 고종 때에는 북묘, 서묘, 관성묘 등 다수의 관왕묘가 건립되었다. 이 중 북묘는 명성황후의 명을 받은 무당 진령군이, 서묘는 엄비의 명을 받은 무당 현령군이 세웠다.

했다. 진령군에 대한 왕후의 총애가 높을수록 진령군에게 줄을 대려는 사람이 많아졌다. 진령군이야말로 정계 요직으로의 진출을 돕는 동아줄이었던 셈이다. 진령군에게 줄을 대려는 사람 중에는 이유인이라는 자도 있었다.

무당과 점쟁이 전성시대

이유인의 출신은 미천했다. 그러나 출세를 향한 그의 계략은 뛰어났다. 진령군의 입에서 벼슬자리가 오르락내리락하는 것을 알게 된 이유인은 진령군의 마음을 사로잡기 위한 계책을 세운다. 그는 은밀히 사람을 시켜 자신에 관한 소문을 퍼뜨렸다. 귀신을 부리고 비바람을 일으킬 수 있다는 내용이었다. 인간의 근원적인 불안과 욕망을 볼모로 혹세무민하는 자들의 기싸움이 벌어진 것이다. 이유인의 황당무계한 계략에 진령군은 걸려들고 만다.

진령군이 이유인을 불렀다. 소문이 맞는지 확인하고 싶었다. 그녀는 이유인에게 귀신을 불러보라 했다. 이유인은 잠시 머뭇거렸다. 그리쉬운 일이 아니라는 것이다. 귀신을 부리기 위해 며칠 재계齋戒해야 한다고 말했다. 진령군은 그러라고 일렀다. 이유인은 벌어놓은 시간 동안 만반의 준비를 했다. 진짜 귀신을 부릴 능력이 있을 리 없었다.

약속한 날이 되었다. 한밤중이었다. 이유인은 진령군을 북악산 깊은 곳으로 데리고 들어갔다. 칠흑 같은 어둠만이 주위를 괴괴하게 감쌌다. 진령군은 왠지 모를 두려움에 휩싸였다. 이때 이유인이 수건을 흔들며 주문을 외고 남방적제장군南方赤帝將軍을 불렀다. 그러자 무려 3미터나 되는 거대한 귀신이 불쑥 튀어나왔다. 머리에 뿔이 4개나 달리고, 온통 핏빛이었다. 더군다나 시뻘건 피를 내뿜었다. 진령군은 애써 침착한 척하려 했으나 몸이 말을 듣지 않았다. 놀란 나머지 이유인의 발을 밟고 말았다. "속히 귀신을 쫓아버려라!" 소리쳤다. 이유인은 능수능란하게 귀신을 처치했다.

진령군은 이유인의 주도면밀한 연극에 완벽하게 속아 넘어갔다. 이유인의 사주를 받은 사람이 가면을 쓰고 귀신 행세를 했던 것이다. 진령군은 이유인의 '신통'한 능력을 왕과 왕후에게 알렸다. 왕과 왕후는 이유인을 입시하도록 명하고 벼슬을 주었다. 세상이 어지러울수록, 국정을 이끌고 환난에 대처할 능력이 부족할수록, 왕과 왕후는 무당과 점쟁이의 말에 의지했던 시절이다. 이유인은 진령군을 어머니로 모시고, 진령군은 이유인을 아들로 삼았다. 혹은 의남매를 맺었다는 얘기도 있다.

여하튼 이유인은 잡술을 좋아하는 진령군을 꾀어 벼슬길에 올랐다. 진정 진령군에게 신통한 능력이 있었다면 이유인의 계략을 단박에 알아차렸을 터. 왕후가 환궁할 날을 맞춘 것은 우연이었을지 모른다. 그러나 그 한 번의 기회로 진령군은 왕과 왕후의 신임을 얻었고, 일개 무당이 국정에 간섭할 수 있었다. 이유인 역시 마찬가지였다.

이유인은 탄탄대로를 달렸다. 거칠 것이 없었다. 이윽고 법부대신과 고등재판소 재판장에 올랐다. 점쟁이에게 국법 집행의 수장을 맡기는 상황이 벌어진 것이다. 이유인은 자신의 권력을 유지하기 위해 동류를 정계로 불러들였고, 물 만난 고기처럼 권력을 제멋대로 휘둘렀다. 한때 민씨 척족을 민씨세도라 불렀다면, 이제 '무당세도'가 기승을 부렸다. 아관파천 이후 정계에 진출하여 국정을 흔든 무당과 점쟁이 중 장차관급 인사가 약 8명, 군수급 인사가 약 18명이었다. 이무당세도의 핵심에 이유인이 존재했다. 권력을 믿고 나대는 이유인의 패악이 얼마나 심했는지 누군가 이유인의 아버지 묘를 파헤쳐 두개골을 싹둑 잘라갈 정도였다.

대한제국 안위를 걱정하는 계몽 지식인들은 무당과 점쟁이를 인민의 적이자 계몽의 적으로 지탄했다. 허무맹랑한 말과 점술을 무기로 인민의 등골을 빨아먹는 그들은 시대의 "요괴"이자 "악귀"였다. 사회적으로 문제가 얼마나 많았으면 독립협회 회원이 '무당과 점쟁이가 인민의 삶에 끼치는 해악'이라는 주제로 토론회까지 열었겠는가. 그

굿하는 무당의 모습. 대한제국 시기 동네마다 무당집이나 점집이 1~2곳씩 있었다. 시대가 어수선할수록 사람들은 내면의 불안을 잠재우기 위해 종교에 의지하는 법이다.

러나 계몽 지식인들의 간곡한 당부에도 불구하고 점술행위는 그치지 않았으며, 인민 역시 그들을 일상에서 몰아내지 않았다. 1897년 무렵 서울에서 활동한 무당과 점쟁이는 약 1,000여 명에 달했다. 전체 서울 인구의 0.5퍼센트에 해당했으니 결코 적은 수가 아니었다. 무당과 점쟁이는 인간 내면의 끝없는 불안을 숙주 삼아 기생하며 계속 장사해 나갔다.

1904년 공진회는 고종에게 궁중에 출입하며 국정을 흔들고 사사로운 이익에만 몰두하는 무당과 점쟁이를 처단해달라 건의했다. 결과는 허사였다. 처단해달라 읍소한 무당과 점쟁이는 이미 정부의 관료로 등용된 자들이었다. 고종이 아무런 대책을 내놓지 않자 공진회 회원들은 스스로 체포조를 꾸려 무당과 점쟁이를 잡아들이려 했다. 그러나 상대는 약삭빨랐다. 대부분 몸을 피했다. 운이 없었는지 이유인만 잡혔다. 이를 알게 된 고종은 공진회 회원들이 사법을 어겼다며 분개했고, 오히려 공진회 대표들을 체포하라 명했다. 이에 공진회장 이준, 총무 나유석, 평의장 윤효정, 회원 윤하영이 잡혀 들어갔다. 서구 과학을 신봉하여 문명국가를 이루겠다는 대한제국에서 권력의 최고점인 황제마저 무당과 점쟁이를 총애했으니, 그들의 악행을 시정하기란 결코 쉬운 일이 아니었던 것이다.

진령군의 뒤를 이어 무당의 세상을 만들리라

진령군이 살아 있는 권력을 붙잡고 권세를 떨쳤다면, 수련은 죽은 권력을 불러내어 살아 있는 권력을 포섭해 권세를 얻으려 했다. 수련은 이미 세상을 떠난 명성황후를 현실로 불러냈다. 수련은 명성황후가 평소 쓰던 관冠을 집에 모셔놓고 아침저녁으로 제사를 지냈다. 수련은 빙의의 대가였다. 그 많고 많은 혼백 중 하필이면 명성황후의 혼백이 자신의 몸속에 내려와 붙었다 주장했다.

수련은 궁중에서 버젓이 굿을 했다. 재앙은 물러가고 복이 들어오라는 의도였을 터이다. 수련은 요란한 춤을 췄다. 굿이 절정에 다다르면 자신이 마치 명성황후인 양 행동했다. 고종 앞에서 애처로운 표정을 짓고, 궁녀들을 엄히 꾸짖었다. 명성황후는 이미 죽었으나, 수련은 명성황후가 살아 돌아온 것처럼 연기했다. 고종은 굿이 끝나면 수련에게 큰 상을 주었고, 그녀를 아꼈다.

진령군이 명성황후를 등에 업고 권력을 행사했다면, 수련은 명성황후에 빙의하여 권세를 얻으려 했다. 고종은 수련에게 힘을 실어주었던 셈이다. 그러나 1907년이 지나자 수련의 가장 든든한 배경이었던 고종은 더 이상 권력의 핵심이 아니었다. 권력은 이미 일본 제국의 손아귀로 넘어가고 있었다. 게다가 수련은 궁궐에 출입할 수도 없었다. 통감부가 막은 것이다. 끈 떨어진 뒤웅박 신세가 된 수련은 줄을 갈아탈 기회를 엿봤다.

때마침 이토 히로부미가 죽었다. 호기였다. 이제 수련은 명성황후가 아니라 이토 히로부미에 빙의해야 했다. 전 재산을 털어 이토 히로부미의 추도회를 열었다. 이를 발판으로 재기를 노렸다. 세상이 바뀌었으니 굿판으로는 권력을 잡을 수 없었다. 그리하여 봉신회를 종교단체로 만들고자 했다. 봉신회 교주가 되어 다시금 권세를 누리고 싶었다. 그러나 일본 제국은 호락호락하지 않았다. 수련은 결국 전 재산만 날린 채 권력에 빙의할 기회를 잡지 못했다. 당시 신문에서 "앙실방실한 요녀"로 불린 수련의 자취는 저잣거리 소문으로도 등장하지 않고 사라져갔다.

혼란한 시대,
백성들은 신神을 원한다

당나라 현종은 며느리의 미색에 빠져 정사를 내팽개쳤다. 며느리는
양귀비였다. 어느 날 현종은 원인 모를 병에 걸려 심신이 허약해졌고,
악몽을 꿨다. 꿈속에서 작은 귀신이 나타나 현종을 조롱하며 괴롭혔
다. 작은 귀신을 내쫓으려 했으나 방법이 없었다. 이때 갑자기 큰 귀
신이 나타나 작은 귀신을 잡아 죽였다. 큰 귀신은 한때 당나라 고조로
부터 은혜를 입은 귀신이었다. 꿈에서 깬 현종은 온몸이 가뿐해졌다.
병이 말끔히 나은 것이다. 큰 귀신의 이름은 종규鍾馗였다. 현종은 종
규의 화상을 그려 악귀를 물리치는 신으로 삼았다. 민간에도 종규의
화상이 널리 퍼졌다. 사람들은 종규를 악귀 잡는 수호신으로 숭배했
고, 조선에도 종규의 화상이 전해졌다.

　종규만 악귀를 물리치는 신이 아니었다. 조선 사람들은 종규와 더
불어 관우를 받들었다. 관우를 모시는 사당을 관왕묘關王廟라 불렀다.
관왕묘가 이 땅에 들어온 것은 임진왜란 때였다. 조선에 들어온 명나
라 장수들이 관우를 섬겼기 때문이다. 명나라 장수가 관우를 숭앙했
다고 해서 곧장 조선 사람도 관우를 신앙으로 받들지는 않았다. 조선
은 유교를 숭상하는 나라였다. 국가적 차원에서 관우를 대놓고 추앙
할 수 없었다. 왕 또한 보란 듯이 관우를 신으로 모시지 않았다. 그렇

지만 조선의 입장에서 명이 어떤 나라였던가. 명은 임진왜란이라는 국난을 극복하는 데 도움을 준 나라이자 사대의 예를 지켜야 하는 나라였다. 하여 조선 정부는 이미 건립된 관왕묘의 관리는 했다. 숙종은 관왕묘에 관심을 보인 최초의 왕이었다. 그는 관우의 충의를 높이 샀으며, 관우상像에 예를 올리기도 했다.

관왕묘가 조선에 건립된 지 250여 년이 훌쩍 흘렀다. 조선 최초로 황제가 된 고종은 여타 종교에 관심이 많았다. 전대의 왕들과 다르게 관왕묘 건설에 적극적이었다. 왕과 백성 모두 관우를 신앙으로 받아들였다. 고종 때에는 북묘, 서묘, 관성묘, 성제묘 등 다수의 관왕묘가 건립되었다. 이 중 북묘는 명성황후의 명을 받은 진령군이, 서묘는 명성황후와 경쟁관계였던 엄비(고종의 계비이자 영친왕의 친모)의 명을 받은 현령군이 세웠다. 명성황후나 엄비 모두 자신과 가문의 번영과 복록을 위해 관왕묘를 지었다.

1899년 남관왕묘에 화재가 났다. 고종은 남관왕묘 화재 사건을 보고받고 큰 충격에 빠졌다. 1899년 양력 2월 14일 윤용선, 신태휴, 이재순 등 대신들이 함녕전에 입시하여 고종에게 문후를 여쭙고, 명성황후 신주를 봉안한 경효전과 남관왕묘 화재에 대해 논의하였다. 그때의 함녕전 회의 현장 속으로 들어가보자.

윤용선이 앞으로 나와 아뢰기를, "경효전 후면의 염장簾帳에 불이 났는데 다행히 즉시 끄기는 했습니다만, 성상의 마음에 매우 놀라셨을 것입니다" 하니,

상이 이르기를, "즉시 꺼서 불이 번지지 않은 것만으로도 매우 다행이다"

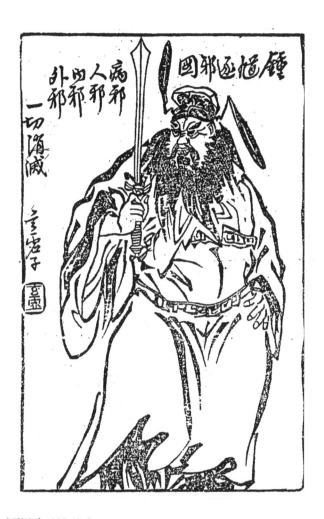

이도영, 《대한민보》, 1909. 10. 3.

"종규가 납신다. 악귀야 물렀거라! 모든 사악한 기운을 척결하거라!" 종규축사도鍾馗逐邪圖를 그린 시사만평이다. 종규는 역귀를 쫓는 중국의 신이다. 그렇다면 1909년 무렵 대한제국을 좀먹는 '역 귀'의 실체는 무엇이었을까. 당시에는 역귀보다 '마귀'라는 단어가 보편적으로 사용되었다. 이때 의 마귀란 일제 협력자나 일제 협력 신문 등을 가리킨다. 게다가 1909년 여름, 전염병 콜레라가 창궐했으니 종규의 힘이 더욱 간절하게 요청된 시기였을 터이다. 백신이 없을 때에는 믿음이 백신 을 대체할 수 있을지니!

하였다. (중략)

윤용선이 아뢰기를, "불이 난 원인을 조사하지 않을 수 없으니, 법부法部로 하여금 엄격히 조사하도록 하는 것이 어떻겠습니까?" 하니,

상이 이르기를, "이는 확대해서 조사할 만한 일이 아니다" 하였다. (중략)

윤용선이 아뢰기를, "남관왕묘에 불이 나다니 너무도 놀랍고 두렵습니다. 소상塑像을 즉시 이안移安한 것은 불행 중 다행입니다만, 불이 난 원인을 법부로 하여금 엄격히 조사하여 죄를 정하도록 하는 것이 어떻겠습니까?" 하니,

상이 이르기를, "300년 이래로 어찌 이와 같은 재앙이 있었겠는가. 열성조列聖朝의 어필御筆도 함께 타버렸으니, 너무도 놀랍고 두렵다. 배장 소상陪將塑像을 즉시 옮겨내오지 못한 것은 비록 사세 때문이었다고는 하지만 매우 놀랍고 개탄스러운 일이다" 하니,

윤용선이 아뢰기를, "어필이 불에 타다니 더욱 놀랍고 두렵습니다" 하였다.

상이 이르기를, "정위 소상正位塑像은 자세히 봉심하여 흠이 난 곳이 있으면 정교하게 진흙을 개어서 바르며, 배장 소상은 이미 구해내오지 못했으니 한결같이 북관왕묘에 의거하여 똑같은 소상을 만들 것이다. 중건하는 일이 한시가 시급하니, 장례원으로 하여금 길일吉日을 택하여 들이도록 하고, 또한 영선사로 하여금 전적으로 주관하여 거행하도록 하라" 하니,

윤용선이 아뢰기를, "성상의 뜻이 이와 같으시니, 영선사의 신하들이 삼가 말씀하신 대로 경건히 개수할 것입니다" 하였다.

《승정원일기》, 고종 36년(광무 3년, 1899) 1월 5일(양력 2월 14일)

남관왕묘에 대한 고종의 관심은 남달랐다. 그리하여 국가적 차원의

남관왕묘 재건이 이루어졌다. 만민공동회가 겨우 진정되는 등 어수선한 시국에 남관왕묘 화재가 발생하자 고종의 마음은 불안할 수밖에 없었을 터이다. 남관왕묘와 경효전 화재를 일종의 재앙 징후로 판단했을지도 모른다. 신기하게도 몇 달 전까지 대한제국 정부를 상대로 시정개혁법과 인민의 정치적 참여를 놓고 팽팽하게 맞서던 사람들이 너나 할 것 없이 의연금을 냈다. 1899년 2월 2일자《독립신문》은 백성들이 너무 많은 돈을 기부해 정부가 한 푼 쓰지 않아도 될 상황이라 전했다. 실제로 정부에서 남관왕묘 중건비로 지출한 돈은 1899년 5월 8일자《독립신문》보도에 따르면 약 19,351원이었다. 그토록 극한 대립으로 치달았던 관과 민이 관우 앞에서는 일심 단결했던 것이다.

　민관을 불문하고, 대한제국 왕과 백성들은 왜 그토록 '관우'에 열광했을까. 왕의 입장에서 관우는 세계열강의 조선 진출을 막고, 자신의 정치적 위상 하락에 대한 불안함을 달래주는 주술적 방패가 아니었을까. 한편 백성의 입장에서 관우 숭배는 환난극복과 기복을 위한 신앙이었을 터이다. 그런데 당시 최고 계몽 엘리트 집단이었던 협성회 회원들이 중심이 되어 발간한《매일신문》은 민간에서의 관우 숭상 행위를 청나라의 유습이자 "어리석은 풍속"이라 비판한다. 1898년 6월 4일자《매일신문》논설은 관우의 충의는 높이 살 일이지만 그를 종교적 숭배의 대상으로 믿는 것은 반대한다는 내용이었다. 백성들이 관왕묘를 찾아가 치성을 드리는 행위는 사특한 마음 때문이라 했다. 이 사특한 마음이란 자신의 노력으로 삶을 가꿔나가지 않고 요행을 바란다는 의미였다.

　《매일신문》이나《대한매일신보》의 편집진은 대다수 근대 계몽주의

자였다. 계몽의 이성으로 판단컨대 관우 신앙은 미개하고 우매하며 야만에 가까운 미신이자 우상숭배였다. 그러나 백성들은 한편으로 계몽된 세상을 바라지만, 다른 한편으로 오랫동안 내려온 민간 신앙을 저버릴 수 없었다. 근대는 이렇듯 '비동시적인 것의 동시성'이 존재하는 세계였다. 곧 전근대적인 것과 근대적인 것이 병존했다. 우리가 살아가는 지금의 시대 역시 그러할지 모른다.

민간에는 다양한 신앙이 존재했다. 특히 문제가 되었던 것은 일종의 사이비 종교였다. 1900년대 후반 이상한 사이비 종교가 등장해 백성들의 주머니를 털어갔다. '백백도' 혹은 '백백사도'라 불리는 사이비 종교였다. 이 교를 믿으면 불치병을 치료하고 흉년도 피하며 세상이 멸망해도 살아남는다 했다. 방법은 특별하지 않았다. "백백백 적적적 의의의 감응감응"이라는 주문만 외우면 되었다. 백백도 이외에도 '신도리신교'가 등장했다. 백백교와 신도리신교는 민심을 현혹하는 사이비 종교로 당시 언론의 비판을 받았다.

종교는 인간의 불안을 먹고 자라나 영혼을 잠식한다. 시대가 어수선할수록 인민의 가슴 속 마지막 의지처로 더욱 굳게 자리 잡는 것이다.

스캔들

―권력자의 성적 문란과 도덕적 해이

사실일 수도, 추문일 수도,

루머일 수도 있다.

정작 중요한 것은 대한제국을

'배신'한 사람들에 대한

민중의 뜨거운 원망이

추문을 키워나갔다는 데 있다.

홍경과 옥경, 로열패밀리의 연애

홍경과 옥경은 당시 장안의 유명한 '두 미녀'였다. 이 두 여성이 지나
가는 자리마다 엄청난 가십거리가 쌓였다. 저잣거리 사람들은 '가십
걸'이 종횡무진 펼치는 사건들을 술안주로 삼아 시대를 한탄했다. 홍
경과 옥경은 연예인도 기생도 아니었다. 이 둘은 크게 보면 '로열패밀
리'였다.

이홍경은 이지용의 부인이었다. 화투대신으로 악명 높았던 이지용
은 흥선대원군의 형 흥인군 이최응의 손자이다. 홍경은 종친의 부인
인 셈이다. 유옥경은 민영철의 부인이었다. 민영철은 여흥 민씨로 명
성황후 집안사람이었다. 옥경은 척족의 부인인 셈이다. 종친의 부인
과 척족의 부인이 만들어내는 가십거리이니만큼 저잣거리를 술렁이
게 하기에 충분했다. 물론 이 둘과 관련된 스캔들이 정확한 사실인지
그저 흥밋거리로 만들어진 헛소문인지는 여전히 확실하지 않다.

1906년 이지용이 일본특파대사로 임명되어 떠나게 되자 홍경도 따
라갔다. 홍경의 본래 이름은 홍경현이었는데 일본에 가면서 일본처럼
남편의 성을 딴 이홍경으로 개명했다. 일본에 간 이지용은 늘 그렇듯
이 고관대작들의 사교계에 발을 들여놓았다. 홍경도 함께였다. 화투

1906년 이지용이 일본특파대사로 임명되어 도쿄에 갔을 때 이토 히로부미와 촬영한 기념사진. 왼쪽부터 이지용의 수행원 한성부판윤 박의병 부부, 가운데 이토 히로부미 부부, 오른쪽 특파대사 이지용 부부(곧 왼쪽에서 세 번째 여인이 홍경이다), 맨 오른쪽 여인은 이토의 딸이다.

에 목을 매고 허랑방탕하게 세월을 보낸 이지용과 다르게 홍경은 권력에 대한 욕망이 강했다. 홍경은 엄비의 처소를 들락거리며 권세를 휘둘렀다.

일본 사교계의 경험이었는지 몰라도 홍경은 '사교'의 중요성을 일찍 깨달았던 모양이다. 홍경은 일본 고관대작들과 염문을 뿌리기 시작했다. 처음에는 주한 일본 공사관의 서기관 하기와라 슈이치萩原守一와 정을 통했다. 다음은 이토 히로부미의 통역관이자 서기관인 고쿠분 쇼타로國分象太郎와 밀회를 즐겼다. 그 다음에는 한국주차군 일본사령관 하세가와 요시미치長谷川好道와 연애했다. 하세가와 요시미치는 홍경과만 사귄 것은 아니었다. 하세가와는 옥경과도 만났다. 옥경역시 민영철이 상하이에 간 틈을 타 여러 일본인과 깊은 밤을 보냈다.

홍경과 염문을 뿌렸던 하기와라 슈이치(1868
~1911). 1895년 일본 제국대학을 졸업 후
독일, 벨기에, 한국, 미국 공사관 서기관을 역
임하였다.

홍경의 왕성한 사교에 하기와라 슈이치는 분개했지만 겉으로 드러
내지 않았다. 그는 한국에서의 임기를 마치고 일본으로 귀국하기에
이른다. 귀국길에 오른 하기와라를 전송하기 위해 홍경이 몸소 납셨
다. 그리고 '서양식'으로 하기와라와 작별 인사를 나눴다. 홍경은 하
기와라와 입을 맞췄는데, 이때 홍경이 혀를 내밀어넣자 하기와라가
홍경의 혀를 깨물어버렸다고 한다. 저잣거리 사람들은 이를 통쾌하게
비웃으며 작설가嚼舌歌를 지어 불렀다.

한편 영어와 일어에 능통했던 홍경은 인력거를 타고 다니면서 대놓
고 궐련을 피웠다. 이지용과는 길거리에서 손을 잡고 다녔다. 당시로
서는 보기 드문 돌출 행동이었다. 젊은 여성이 길거리에서 대놓고 담
배를 피우고, 남성의 손을 잡고 다니는 행동은 가부장적 질서에 대한

도전이자 구습에 대한 저항이었다. 그렇다고 홍경이 이런 의도로 그랬던 것은 아닐 터이다. 홍경의 행동은 문명과 근대화의 본질보다 형식과 패션을 모방하고자 하는 욕망에서 비롯된 것이리라. 또한 '난 너희와 다르다'는 과시욕도 포함돼 있었을지 모른다.

언젠가 이지용과 홍경은 함께 찍은 사진을 사랑의 대청에 걸어놓았는데, 그 집 하인들이 때때로 막대를 들어 홍경의 하체를 찌르며 "여기가 왜놈의 구멍이다" 하고 낄낄거렸다. 홍경이 여러 일본 관리와 염문을 뿌리고 있을 때, 이지용은 진주 기생 산홍을 마음에 두고 있었다. 가진 것이라고는 돈밖에 없던 이지용은 산홍을 첩으로 삼고자 했으나 실패하고 말았다.

새야 새야 비취새야

홍경과 옥경 같은 정실부인이 남편의 권세를 밑천 삼아 활개를 칠 때, 별실이라고 가만있지는 않았다. 개항 이전에는 외국 사람과 간음한 자를 죽였다고 한다. 하지만 개항 이후 일부 상류층 사이에서는 외국인 첩을 들이는 것이 유행했다. 외국 여자를 첩으로 두지 못한 남자는 머저리 취급을 받았다고 한다. 바야흐로 대한제국은 글로벌 체제 속으로 편입되지 않았던가. 그러니 외국 여성 작첩이 세계적인 것이라 생각하는 이상한 사람들도 등장하지 않았겠는가. 흥선대원군의 사위이자 이완용의 형인 이윤용은 서양 여자를 첩으로 두었고, 한일병합에 앞장선 송병준은 일본 여자를 첩으로 거느렸으며, 한일병합 이후 일본으로부터 자작 작위와 은사금을 받고 이왕직장관을 역임한 민병

1930년대 명월관 전경. 명월관은 황실에서 궁중의 음식과 잔치에 관한 일을 맡아보던 안순환이 1909년 개점한 요릿집이다. 그해 관기제도가 폐지되자 궁중 기녀들이 모여들어 활동하기 시작하면서 번창하였다. 주로 일본과 조선의 고관대작이나 친일계 인물이 드나들었다.

석은 중국 여자를 첩으로 데리고 살았다.

1909년 4월 명월관에 조선의 고관대작들이 모였다. 이 자리에는 이완용, 민영찬, 민병석, 조중응과 민병석의 별실이 함께 자리했다. 명월관에 모인 면면을 보면 이완용, 민병석, 조중응은 당시 신문에서 "돼지와 개새끼"로 불리던 자들이었고, 민영환의 동생 민영찬은 뒤늦게 이들과 한 배를 탄 인물이었다. 상하이에서 돌아온 민영찬이 화기애애한 분위기 속에서 흥미진진한 이야기보따리를 풀어놓았다. 청나라 사정은 현재 어떠어떠하다, 조선 정세는 어떤가. 이에 이완용이 조선의 현 정세를 이러쿵저러쿵 이야기했다. 그 순간, 갑자기 민병석의 첩이 이완용의 얼굴에 냅다 침을 뱉었다.

민병석의 첩이 매국노 이완용의 얼굴에 침을 뱉었다고 하니 그녀를 열혈애국지사로 착각할지 모른다. 하지만 애국심과는 아무런 상관이 없었다. 그녀의 돌출행동은 이완용의 오만함과 무례함 때문이었다. 민병석의 첩 이름은 비취였다. 당시 두 명의 비취가 이름을 날렸다. 한 명은 대구에 사는 명기 비취이고, 다른 한 명은 민병석의 첩 비취였다.

> 대구군 대한애국부인회 총부 현상은 씨는 기왕 영남 명기 비취인데, 나이 50에 수삼 년이나 예수교를 믿고 사회에 몸을 바쳐 여자 사회의 모범이 될 만한 사람이라. 경성에 사는 궁대 민병석 씨의 애첩 비취도 누추한 행위를 버리고 대구에 있는 비취를 모범하였으면 그 누추한 이름이 다른 사람에게 미치지 않으리라고 비평이 있다더라.
>
> 〈사람은 일반인데〉, 《대한매일신보》, 1909. 3. 19.

민병석의 비취는 "누추한 행위"로 이름을 날렸다. 오죽하면 신문에서 대구에 사는 '애국부인' 비취를 본받으라고까지 말했겠는가. 비취는 아무도 못 말리는 안하무인이었다. 그래도 민병석은 비취의 미모에 빠져 거금을 쏟아 부었다. 민병석은 국록을 먹는 궁내부대신이지만 한편으로는 장사꾼이었다. 그는 대한천일은행大韓天一銀行과 직조단포주식회사織造緞布株式會社 등의 경영에 참여하여 막대한 현금을 굴리는 거부였다. 별실에게만큼은 배포가 컸던 그는 비취를 위해 당시 돈으로 거금 800원을 들여 보석 반지를 선물해준다. 그러나 사내의 돈만큼이나 사내의 몸에 집착했던 비취가 50이 넘은 민병석에게 만족할 리 없었다. 그 당시 50세는 지금으로 치면 환갑 넘은 육체를 지닌 나이라 볼 수 있다.

> 여자라는 것은 유한정숙有閑貞淑할뿐더러 행동거지 옹용하고 언어수작 정당正當 후에 현숙하다 하겠는데, 찬란 의복 극사치極奢侈로 개명했다 자칭하고 부인회에 출몰하나, 연희장에 종사하니 여자 중의 요괴물妖怪物은 난계 비취 제일이오.
>
> 〈시사평론〉,《대한매일신보》, 1909. 3. 14.

남성이 출입하는 대표적 화류계가 명월관 같은 요릿집이었다면, 여성에게는 연극장이 있었다. 연극장은 공연을 관람하는 곳이었지만, 일부 사람들에게는 이성과의 만남, 곧 연애의 공간이기도 했다. 비취는 연극장에 자주 드나들었다. 물론 혼자 갔으면 그리 큰 문제로 비화되지 않았을 것이다. 비취는 함북관찰사 윤갑병의 별실과 함께 연흥사에 갔다. 그것도 매일 밤마다 바지런히 연극장에 납셨다. 목적은 공연 관람에 있지 않았다. 비취는 그곳에서 남자들을 만나 은밀한 밤을 보냈다.

비취와 윤갑병의 별실이 연극장에서 남자 매춘부와 놀아난다는 소문이 저잣거리에 퍼져나갔다. 경찰도 예의주시했다. 창부들을 불시에 체포하기 위해서였다. 비취의 음탕한 행실이 신문지상에 연일 오르내

근대식 연극장 원각사, 1908년. 연극장은 공연을 보는 곳이었지만 일부 사람들에게는 이성과의 만남이 성사되는 새로운 공간이었다.

렸다. 민병석이 이 사실을 몰랐다면 정말 바보이지 않을까. 비취의 행실을 예의주시하던 민병석의 부인은 남편에게 비취의 간통 사실을 알렸다. 그러나 민병석은 별실에게는 흔히 있는 일이라며 아내의 말을 묵살했다.

민병석은 비취를 불렀다. 그러고는 나름 엄하게 꾸짖었다. 어디 다른 사내놈과 통간을 하느냐, 네가 궁내부대신의 별실임을 잊었느냐. 비취는 민병석의 말에 꿈쩍도 하지 않았다. 오히려 당당했다. 그래, 난 천한 계집이다, 천한 계집에게 이런 일은 아주 사소하다, 잘못한 게 없다. 민병석은 아연실색했다.

연흥사 간통 사건으로 일장풍파를 겪은 민병석과 비취는 헤어졌다. 비취는 하필이면 궁내부주사로 근무하는 모씨와 눈이 맞았다. 남편의 직속 부하와 바람을 피운 셈이다. 비취가 떠난 후 민병석은 마음 한 구석이 텅 빈 것 같았다. 비취가 살던 집에 갔다. 님은 떠났지만 님의 흔적이라도 느끼고 싶었던 모양이다. 민병석은 비취가 떠난 집을 살피며 하염없이 눈물을 흘렸다. 그리고 다음의 노래를 불렀다 한다. 아니 어쩌면 이런 노래를 부르지 않았을까 하는 '민중의 상상력'이 더해져 저잣거리에 떠돈 것일지 모른다.

새야 새야 비취새야. 이름 좋다 비취새야. 죽으면 죽었지 못 놓겠구나. 저 간장이 다 녹는다. 백발이 진토 되고 천지가 개벽을 하여도 이별 말고 살 잤더니 이별 두자 원수로다. 이 원수의 비취새야.

〈허튼수작〉, 《대한매일신보》, 1910. 8. 17.

1900년대 신문에는 고관대작들의 스캔들이 연일 보도되었다. 사실일 수도, 추문일 수도, 루머일 수도 있다. 정작 중요한 것은 대한제국을 '배신'한 사람들에 대한 민중의 뜨거운 원망이 추문을 키워나갔다는 데 있다. 특히 권력자의 성적 문란과 도덕적 해이를 비판하고 풍자하고 조롱하는 것이야말로 억눌린 민중의 분노와 한을 통쾌하게 푸는 더없이 적절한 방법이 아니었을까.

시사
만평
2

이완용과 며느리의 불륜,
민중의 상상력이 빚어낸 스캔들

총리대신 이완용이 이재명의 칼을 맞고 쓰러졌다. 중상이었지만 죽지
는 않았다. 1909년 12월 12일 오전 11시의 일이었다. 이완용은 대한
제국 최고 의료기관인 대한의원에 입원했다. 일본 의료진의 극진한
치료를 받은 그는 1910년 2월 14일 퇴원했다. 이완용이 대한의원에
입원하자 저잣거리에 소문이 떠돌았다.

1910년 1월 5일자 《대한매일신보》 시사평론은 이완용과 첫째 며느
리의 행실을 비판하는 내용을 실었다. 이완용의 며느리 임씨가 시아버
지를 극진히 간호하는데, 예전부터 효심이 극진하여 "색양色養"을 다
했다는 것이다. 색양은 항간에 떠돌던 두 사람의 스캔들을 의미했다.

만고의 역적이자 민족의 반역자로 사람들로부터 욕을 먹은 이완용
에게는 온갖 추문이 따라다녔다. 그중에서도 자신의 며느리와 불륜을
저질렀다는 소문이 가장 압권이었다. 이 소문은 1909년 7월 25일자
《대한민보》 시사만평에도 등장한다. 시사만평에 적힌 한자의 음을 읽
으면 이렇다. "임이완용 자부상피任爾頑備 自斧傷皮." 이완용이 자신의
며느리와 간통했다는 뜻이다. 이로 인해 큰아들 이승구가 자살했다는
소문이 저잣거리에 떠돌았다. 그러나 이승구는 1905년 무렵 병으로
세상을 떠났다. 황현의 《매천야록》이나 정교의 《대한계년사》 그리고

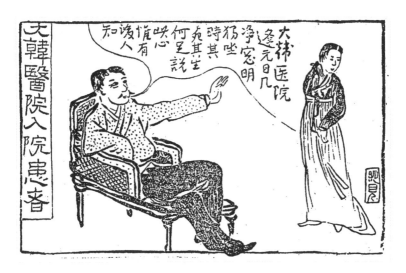

이도영, 《대한민보》, 1910. 2. 20.
"어서 오너라, 며늘아기야. 네가 오니, 상처가 하나도 아프지 않구나."
"아이, 부끄러워요, 아버님."

이도영, 《대한민보》, 1909. 7. 25.
"任爾頑傭 自斧傷皮." 자, 한자를 풀어보자. 첫 번째 해석. "너같이 우둔한 놈에게 맡겼더니, 제 도끼로 제 살에 상처를 내는구나." 두 번째 해석. "니미럴… 완용아, 며느리와 붙어먹을 놈아." 어느 해석이 맞을까?

《황성신문》과 《대한매일신보》 역시 이 스캔들을 사실인 것처럼 보도했다.

다른 소문도 있었다. 이번에도 이완용과 그의 며느리에 관한 것이었다. 1906년 나철과 오기호 등은 '을사오적 암살단'을 조직했다. 실패한 사건이었다. 그런데 이 암살 모의에 이완용의 며느리가 연루되었다는 소문이 돌았다. 을사오적을 암살하기 위한 자금이 필요했는데, 이 자금을 민영휘의 양자 민형식이 마련했다. 정교의 《대한계년사》에 따르면 민형식은 1,400환을 마련해 을사오적 암살 자금으로 내놓았다. 그런데 갑부였던 민영휘의 눈 밖에 난 민형식은 수중에 돈이 없어 "제 아내를 시켜 제 누나에게 빚을 얻도록" 했다고 한다. 이때 '누나'가 이완용의 며느리였다고 한다. 그리하여 훗날 이완용은 며느리에게 "네가 네 시아비를 죽이려고 돈을 주었느냐?" 힐책했다고 한다.

그렇다면 민형식에게 거사 자금을 댄 이완용의 며느리는 누구였을까. 이완용에게는 두 아들이 있었다. 첫째 이승구, 둘째 이항구였다. 첫째 며느리는 임걸귀, 둘째 며느리는 김진구였다. "제 아내를 시켜 제 누나에게 빚을 얻도록" 했다는 구절에서 '누나'란 누구의 누나인 것일까. 민형식의 누나라면 당연히 '민씨'여야 하지 않을까. 그렇지 않다면 《대한계년사》 기록이 잘못된 것일 수 있다. 또한 민형식 아내 임씨의 언니를 잘못 쓴 경우라면 이완용의 첫째 며느리 임걸귀와 연계될 수 있지만, 두 사람이 자매간이었는지는 확실하지 않다. 을사오적 암살 자금이 임걸귀에게서 나왔다면—물론 그녀가 자신이 빌려준 돈의 용처를 몰랐을 수 있지만—이완용과 첫째 며느리의 관계가 시정에서 바라보는 것처럼 그렇게 애틋할 수 있었을까.

이완용에 대한 추문은 또 다른 추문과 관련 있었다. 이완용이 며느리와 몸을 섞었다는 추문과 대상만 다를 뿐 그 내용은 똑같다. 당사자는 학부대신 이재곤이었다.

남촌 모대신은 자기의 자부와 통간하여 집안에 화근을 짓고 세계에 논박을 받는 것은 사람마다 다 아는 바이다. 근일에 더욱 자주 통간하다가 정적이 탄로된지라. (중략) 돈견만도 못한 행위를 가졌다고 비평이 파다하더라.

〈금수인가〉,《대한매일신보》, 1908. 10. 14.

학부대신 이재곤 씨의 아들 이원철 씨가 일본에 가서 유학하다가 겨울방학 때가 되어 삼작일 전에 귀국하였다. 그가 자기 부인의 처소로 들어가 본즉 부인의 흔적은 간데없고, 세간만 좌우에 여전히 놓였고 먼지만 쌓인고로 비창한 마음을 금치 못하여 일장 눈물을 흘렸다더라.

〈정리 당연〉,《대한매일신보》, 1908. 12. 29.

이완용이나 이재곤이 진짜 불륜을 저질렀는지는 확실하지 않다. 신문 보도와 저잣거리에 퍼진 루머로 남았을 뿐이다. 그러나 대한제국 인민은 이완용과 임걸귀의 간통이 사실이기를 바랐을 터이다. 나라를 팔아먹은 놈이 도덕적·윤리적으로 깨끗하면 좀 그렇지 않았겠는가. 성적 스캔들이야말로 예나 지금이나 한 인간을 벼랑 끝으로 몰고 가는, 그 어떤 스캔들보다 강력한 것이었으니 말이다.

3장

사생활

─나는 부끄럽지 않다?

당시 신문 광고를 둘러싸고

벌어진 상황은 어디까지 사생활이고

어디까지 내놓고 떠들 수 없는

부끄러운 일인지,

신문이라는 미디어의 공적 기능이

무엇인지에 대한 가치판단이

미성숙한 시대가 만들어낸

한 편의 촌극이었다.

이건 광고가 아니랍니다

신문이 등장했다. 1896년 4월 7일 한국 최초의 민간 신문인 《독립신문》이 세상에 나왔다. 표기방식도 한자보다 쉬운 한글이었다. 읽을거리가 부족했던 사람들에게, 세상 돌아가는 일에 관심이 많았던 사람들에게 일생일대의 소식이었다. 충청도와 전라도를 가로지르고 경상도와 강원도를 넘나들며 조선팔도의 온갖 소식이 자그마한 신문지에 인쇄되었다.

신문이 세상에 나오자 상업적 광고도 실리기 시작했다. 독일 세창양행을 비롯한 상점의 광고, 신문 구독 광고, 책 광고, 물건 분실 광고, 담배 광고, 약 광고, 유모 구하는 광고 등등 다양한 광고가 신문의 지면을 채워나갔다. 신문은 인민을 계몽하기 위한 도구이자 공론의 장이기도 했지만 한편으로 자본주의 경제 체제를 학습하는 장이기도 했다. 물론 이는 신문을 발행하는 사람이나 지식인들의 주된 생각이었다. 일반 사람들은 신문을 그저 재미난 읽을거리와 저잣거리 소식이 풍부한 정보지 정도로 생각하는 경우가 흔했다. 사정이 그러하니 신문 광고에 대한 오해가 생길 만했다.

1900년대 인쇄 공장. 《독립신문》, 《제국신문》, 《매일신문》, 《황성신문》, 《대한매일신보》, 《만세보》, 《대한민보》와 같은 근대식 신문 미디어가 등장하면서 세상만사가 입으로 퍼지는 '소문'이 아닌 '활자'로 유통되기 시작했다.

경향에 여러 사람들은 자세히 보오. 신문에 상품에 대해서 광고하는 것은 어느 나라 신문이든지 돈을 받거니와 그 외에는 신문에 낼 만한 말에 대해서는 1푼 5리도 받지 않거늘, 근일에 해주 백성이 동전 10푼과 제주 백성이 동전 2푼과 포천 백성이 동전 2푼을 편지 속에 넣어 자기 고을 일에 관하여 신문에 내달라고 하였기에, 신문사에서 내부 지방국으로 돈을 보내어 그 고을로 내려보내게 하였으니, 이 규칙을 모르는 사람들은 이 광고를 보고 다시 신문사로 편지할 때에는 돈푼을 넣어보내지 않기를 바라노라. 너무 번거로워 이런 쓸데없는 일을 상관할 수가 없노라.

〈광고〉,《독립신문》, 1897. 2. 4.

《독립신문》발행을 담당한 사람들은 신문이 사사로운 개인의 의견이나 소식을 전하는 저잣거리 소식지나 '찌라시'가 아니라 공론을 보도하고 수렴하는 '공론장'이라 생각했다. 그렇지만 당시 일반 사람들에게 공적 영역과 사적 영역의 경계는 희미했다. 사정이 그러하니 자신이 사는 마을의 이야기를 신문 광고로 실어달라 했던 것이다. 《독립신문》편집진이 아무리 너무 번거롭고 쓸데없는 일이라 한들 독자들이 이를 곧이곧대로 믿고 따랐을 리 만무했다. 《독립신문》출간 이후 등장한 여러 신문의 광고를 살펴보면 사생활의 영역과 공공의 영역이 뒤섞여 기묘하게 동거하는 모습을 찾을 수 있다.

우리 결혼합니다

> 오늘 오전 10시 반에 배재학당 학도 문경호 민찬호 양 씨가 이화학당 학도 신규수 김규수와 정동 새 예배당에서 혼인을 하는데 서양 예법으로 치른다고 한다. 혹 구경하려는 사람이 있으면 시간을 내어 다 가서 볼지어다.
>
> 〈서양 혼례〉, 《독립신문》, 1899. 7. 14.

유명인사도 아닌 일반인의 결혼식을 이렇게까지 보도하다니. 더군다나 궁금한 사람은 구경을 가라고 독려까지 하다니. 《독립신문》은 무슨 이유에서 이들의 사생활을 보도한 것일까. 기사의 방점은 '서양 예법'에 있다. 조선식 결혼 예식이 아닌 서양식 결혼 예식이니 이것이야말로 문명한 사람이 되기 위해 경험해야 할 중요한 볼거리라는 뜻이다. 그런데 한 가지 찝찝한 것은 문명개화를 외치던 《독립신문》임

1910년대 신식 혼례 풍경. 조선식 결혼 예식이 아닌 서양식 결혼 예식은 문명한 사람이 되기 위해 경험해야 할 중요한 볼거리가 되었다.

에도 불구하고 신랑의 이름은 떡 하니 '문경호'와 '민찬호'라고 써놓고, 신부의 이름은 '신규수'와 '김규수'라고 써놓은 점이다. 신부는 이름이 없나? 그냥 누구네 집 '규수'란 말인가.

여하튼 위의 기사는 신문에서 문명개화의 본보기로 서양식 결혼식을 보도한 예인데, 시간이 좀 더 흐르자 한 개인의 결혼식 광고가 신문에 게재되기 시작한다.

> 다동 김윤오 씨의 영양슈孃 함라와 목포 남궁혁 씨의 성혼 일자를 지난 월
> 요일로 정하고 이미 청첩하였거니와 마침 연고가 있어 본월 3일[금요] 오
> 후 4시로 다시 정하고 연동 교당에서 예식을 거행하오니 신사와 첨부인은
> 광림하시옵소서. 청빈. 박은식. 동부인.
>
> 〈광고〉,《대한매일신보》, 1908. 7. 3.

결혼식 날짜가 변경되어 부득이하게 신문에 광고를 내기는 했지만, 남궁혁의 결혼 광고는 가장 이른 시기의 근대식 결혼 광고였다. 예정대로 남궁혁은 선교사 게일J.S.Gale의 주례로 김함라와 결혼 예식을 치렀다.

결혼식 광고만 신문에 실린 것은 아니었다. 누군가의 죽음을 알리는 부고도 서서히 광고란에 실리기 시작했다. 결혼은 좋은 일이요, 부고는 슬픈 일이다. 하지만 둘 다 지역 공동체 혹은 마을 공동체의 행사이기에 사생활의 영역과 공적 영역이 확연하게 구별되기 힘들었다. 그런데 다음과 같은 광고는 도대체 왜 실렸던 것일까?

이제 그만 갈라섭시다

> 본인은 (중략) 최환석 씨의 손녀인데 열세 살에 (중략) 김춘식 씨의 아들과 혼인하여 지금 4년이 되었는데, 시어머니가 누명을 씌워 모함하고자 하는 고로 견딜 수가 없어 본가로 와서 있으며 다시는 무슨 일이 있더라도 (중략) 김씨와는 살지 않기로 작정함. 최환석 씨의 손녀 최씨 고백.
>
> 〈광고〉,《대한매일신보》, 1909. 5. 16.

열세 살 꽃다운 나이에 시집갔다기보다 조선사회의 문제점 중 하나였던 조혼早婚의 희생양이 바로 최씨다. 최씨는 시어머니와의 갈등을 견디지 못하고 이혼을 결심했다. 이는 분명히 개인의 사생활이다. 그런데 최씨는 이를 신문을 통해 전국 팔도에 알렸다. 무슨 이유에서일까. 자신의 이혼이 정당하다는 것을 세상에 알리고 싶었던 것일까. 그렇다면 이 광고를 본 시집의 분위기는 어땠을까. 양가 모두 집안 망신일 수 있으나, 시어머니의 악행이 고스란히 폭로된 광고이니 시집 입장에서 더 큰 난리가 났을 터이다. 시집에서는 과연 이 광고에 어떻게 대처했을까. 최씨의 일명 '이혼 고백장'은 막장을 넘어 진흙탕 싸움으로 번져갔다. 신랑 김준환이 장문의 반박 광고를 낸 것이다.

최씨의 할머니가 우리 집에 와서 자신의 어린 손녀를 3년 안에 길러서 다시 보내마 했다. 그래서 안 된다고 했다. 그러자 어린 신부는 가끔 친가에 다녀오면 술을 먹고 주정을 하는 등 괴팍한 행실을 보였다. 그러던 중 친가 할머니가 어린 손녀를 보겠다고 다시 우리 집에 왔다. 바로 그날 밤 어린 신부가 친가로 도망을 쳤다. 나는 처가에 가서 어린 신부를 다시 찾아왔으나 몸이 좋지 않다고 해서 다시 처가로 보내 요양하라고 했다. 처가에 가서 어린 신부를 만나려고 하니 처가 식구들이 만나지 못하게 했다. 그런 일이 있은 후 신문에 이혼 광고를 낸 것이다. 나의 어머니가 어린 신부에게 누명을 씌우고 모함을 했다는 것은 모두 거짓말이다. 그런데도 이혼을 하지 않으면 재판을 걸겠다니 적반하장이다. 아무튼 그 신부는 내가 이혼을 결정하기 전까지는 그 누구와도 함께 살 수 없으니 세상 사람들은 그리 알기를 바라노라. 김준환 고백.

〈광고〉,《대한매일신보》, 1909. 5. 19.

신랑 김준환은 아주 발 빠르게 사태를 수습해나갔다. 5월 16일자 광고를 보고 5월 19일에 반박 광고를 냈으니 말이다. 그렇다면 신부와 신랑 중 누구의 말이 옳은 것일까. 이혼을 갈망한 신부는 신랑보다

《대한매일신보》 편집실. 당시 신문은 근대화 프로젝트의 당위성을 저잣거리 인민에게 널리 알리
는 소셜 메신저 역할을 담당했지만, 공적·사적 영역을 엄격히 구분하여 기사를 싣지는 않았다.

더 빠르게 움직였다. 신랑의 반박 광고가 난 바로 이튿날인 20일 신랑
의 반박만큼이나 긴 재반박 광고를 냈다.

신랑이 사람들의 눈과 귀를 속이는 "미친 광고"를 냈기에 다시 반박 광고
를 낸다. 시어머니가 나에게 누명을 씌우고 모함을 했다는 사건의 전말을
이제는 말할 수밖에 없다. 차마 "더러운 일"이기에 말하지 않으려 했으나
이제 어쩔 수 없다. 시어머니는 내가 시집의 사촌과 간통을 했다고 떠들어

댔다. 나는 이 말을 듣고 죽을 결심을 했다. 그러다 친가로 도망을 친 것이
다. 술을 먹고 주정을 했다는 것도 모두 거짓말이다. 어찌 시집 사람들을
용서할 수 있겠는가. 최소사 고백.

〈광고〉, 《대한매일신보》, 1909. 5. 20.

과연 누구의 말이 사실일까. 그것은 오직 당사자들만 알 것이다. 문
제는 한 가정의 내밀한 사생활이 신문이라는 공적 미디어를 통해 전
국에 생중계되었다는 점이다. 그것도 본인들이 직접 작성한 글을 통
해서 말이다. 《대한매일신보》는 왜 이런 광고를 실어주었을까. 처음
에는 한 여성의 억울함을 대변해주고 싶었을지 모른다. 그러나 남녀
간 문제, 결혼과 시집살이라는 극히 개인적 문제를 신문이라는 공적
미디어가 해결해주기란 어려운 일이다. 이는 어떤 면에서 지금은 지
극히 개인적 문제이거나 사생활이라 생각한 것을 당시 사람들은 그
렇게 생각하지 않았다는 뜻이기도 하다. 신문이라는 미디어를 자신
의 억울함을 호소하는 일종의 신문고로 여겼는지 모를 일이다.

신문이 일상화되자 시어머니의 악행을 폭로한 최소사의 이혼 고백
장이 등장하고, 1908년 4월 9일자 《대한매일신보》에 남편이 새로운
첩을 얻자 더 이상 함께 못 살겠다는 또 다른 최소사의 이혼 고백장이
실리는 등 개인의 사생활과 연관된 광고가 상업광고와 함께 뒤섞여
세상에 널리 유포되었다. 당시 신문 광고란은 일부분 누군가의 사생
활을 폭로하는 공간으로 활용된 것이다.

공과 사의 구분 없이

평양 계집 정용녀를 100년 살 줄로 알고 서로 약속하였더니 불과 몇 날이
못 되어 또 다른 서방을 얻어서 살려고 패악을 부리니 세상에 의리 없는
년은 천하만국에 없을 듯하기로 광고하오. 만약 어느 놈이든지 알기만 하
면 재판도 하려니와 전후에 손해가 있을 것이며, 모두 찾을 것이니 잘들
살피시오. 유경연.

〈광고〉,《대한매일신보》, 1909. 5. 15.

아내가 바람나서 도망갔으며, 아내와 불륜을 맺은 모든 남자를 찾
아 내 재판을 걸겠다는 한 남자의 광고를 비롯하여, 아들이 주색에 빠
져 돈을 빌리고 다니니 돈을 빌려주지 말라는 광고, 자신이 사는 마을
의 패륜아를 조심하라는 광고, 자신의 돈을 떼먹고 내뺐다는 광고, 동
생이 주색잡기에 빠져 집문서를 훔쳐 달아났다는 광고 등등이 신문
광고란에 자주 실렸다. 사정이 이렇게 되자《황성신문》은 특별란을
마련하여 저간의 광고들에 대해 비판을 가한다.

신문 광고를 보니, 본인의 아들이 본래 부랑하다. 본인의 동생이 본래 패
잡悖雜하다는 광고가 매일 몇 개씩 게재되고 있다. 그 아들과 동생을 학문
에 종사하여 선량한 사람으로 만들지 못하고 부랑 잡배로 만든 것은 부형
의 책임이 아닌가. 설령 아들과 동생이 부랑 잡배라 할지라도 가르치고 훈
계하며, 따뜻하고 사랑스러운 정을 베푸는 것이 마땅하거늘 오히려 그 악
행을 세상에 광고하여 널리 알리니 이는 그 아들과 동생의 악행을 더욱더

부채질하는 것이다.

〈국외냉평 局外洽評〉,《황성신문》, 1909. 9. 4.

당시 신문 광고를 둘러싸고 벌어진 상황은 어디까지 사생활이고 어디까지 내놓고 떠들 수 없는 부끄러운 일인지, 신문이라는 미디어의 공적 기능이 무엇인지에 대한 가치판단이 미성숙한 시대가 만들어낸 한 편의 촌극이었다. 이러한 현상은 대한제국 시기만 해도 아직 공적 영역과 사적 영역이 정확하게 분리되지 않았다는 점을 방증하는 것이다. 곧 공사가 철저히 구분 가능하며 당연히 구별되는 것이라는 믿음은 오래전부터 존재한 것이 아니라 사실 근대에 들어와 새롭게 생겼다는 점을 깨닫게 한다.

마귀 신문을 처단할지어다

책 도둑은 정말 도둑이 아닐까. 책 도둑도 도둑이다. 다만 이 말의 핵심은 공부의 소중함과 열망에 있다. 도둑질을 해서라도 할 만큼 공부가 중요하다는 말일 게다. 1908년 1월 18일자 《대한매일신보》의 한 기사 제목은 "신문 도적하여 보는 악습"이었다.

> 신문을 구독하는 이유는 새 소식을 나날이 듣는 재미인데, 신문이 매월에 십여 장씩 항상 누락되며, 혹 수십 일씩 지체되며, 또 뒤늦게 도착하여 신문이 구문舊聞과 같다.

제값을 내지 않고 다른 사람의 신문을 훔쳐 보는 사람이 있다는 얘기다. 신문 도둑질은 분명 절도행위다. 하지만 이 기사는 신문이 절도의 대상이 될 만큼 중요한 미디어이자 사람들에게 재미난 이야깃거리를 제공하는 정보지로서 자리 잡고 있다는 방증일 터이다.

한국의 신문은 《한성순보》를 시작으로 《대한매일신보》에 이르기까지 대한제국 역사의 중요한 사건과 풍속과 일상 풍경을 기록한 정보의 보고이다. 100여 년 전 지식인들은 신문을 문명의 척도이자 국민계몽의 나침반이라 생각했다.

이도영, 《대한민보》, 1909. 6. 24.
문명적 진군. 총칼 대신 붓을 들고 진
군하는 기자들이 마치 오와 열을 맞
춰 진군하는 군인 같다. 붓으로 과연
세상을 바꿀 수 있을는지. 비록 불가
능할지라도 그것이 언론의 사명 아
닐는지.

　《한성순보》는 지구도해地球圖解와 지구전도地球全圖를 실어 조선인들
이 맹신한 중화중심주의 세계관의 변동을 이미지로 보여주었고, 《독
립신문》은 한동안 주변부에 위치한 한글을 문명개화의 중심 언어로
자리 잡게 했으며, 《만세보》는 한국 최초의 신소설 《혈의 누》를 실었
고, 영국인 베델이 창간한 《대한매일신보》는 전투적 민족주의를 주창
하며 일본 제국에 당당히 맞섰다.
　때로 민심을 반영하고 때로 여론을 확장하는 데 신문만큼 뛰어난
미디어는 당시에 존재하지 않았다. 사정이 그렇다보니 일제 협력 신

이도영, 《대한민보》, 1910. 2. 17.
황성에서 가장 뛰어난 정필을 휘두르는 《대한민보》가 악마라 불리는 《국민신보》에게 말하노라.
공평한 언론을 억압하면 천벌을 받을지니라, 이 악마야!

문이 창간되어 여론 물타기에 앞장섰다. 소위 두 마귀 신문이 등장했
다. 《국민신보》와 《대한신문》이었다. 《국민신보》는 1906년 창간된 일
진회 기관지였다. 이 신문은 《대한매일신보》의 사장 베델과 주필 양
기탁이 국채보상금을 횡령했다는 허위 보도로 저잣거리 민심을 술렁
이게 했다. 1907년 창간된 《대한신문》은 《만세보》의 후신으로 이인직
이 사장이었다. 《대한신문》은 정부와 이완용으로부터 보조금을 받아
연명하였다. 《황성신문》, 《대한매일신보》, 《대한민보》는 《국민신보》
와 《대한신문》을 마귀 신문으로 지목하고 집중포화를 날렸다. 1907년
12월 17일과 18일자 《대한매일신보》 논설 제목은 "국민 대한 두 신문

을 위하여 초혼招魂하세"였으며, 1909년 5월 23일자 《대한매일신보》
논설 제목은 "국민 대한 두 마귀를 경계함"이었다. 《국민신보》와 《대
한신문》에 관한 《대한매일신보》 논설은 거의 저주를 퍼붓는 주문과
같았다. 그 내용을 갈무리해 재구성하면 다음과 같다.

《국민신보》,《대한신문》이 두 마귀야. 너희는 한국인인데 어찌하여 왜놈
의 마귀 노릇을 하느냐. 너희 조상도 수치스러움을 씻지 못하고, 너희 자
손도 비참한 지경을 면하기 어려울 것이며, 너희 몸도 지옥에 빠져 천만
가지 고통을 받을지어다. 마귀를 쫓는 구마검을 연마하여 당장 너희를 처
단할지어다. 지혜롭지 못하다 창귀여, 어질지 못하다 창귀여! 이 가련한
마귀들이여, 너희는 짐승의 후손일지라. 너희는 18층 아비지옥에 빠져야
할 것이다. 우리의 필검筆劍이 날래지만 차마 너희 두 마귀가 너무나 가여
워 머리를 베지는 않을 것이다. 그러니 어서 속히 물러갈지어다. 이 두 마
귀여!

4장

성병

—성생활도 국가가 관리해드립니다

일본 동경 어떤 병원에서는

의사가 각 고등관의 아내들을 진찰하는데,

그 여인들의 병이 대부분은 풍류병이라.

일인고등관의 처들도 행실은 썩 잘하는 계여.

마법의 탄환 606호

황해도 해주군 (중략) 김영모의 아내 박소조(37세)는 (중략) 일신병원 원장 박성행에게 치료해달라고 부탁했다. 지난 달 21일 오후 3시 반쯤 되어 원장 박성행이 606호를 주사한 결과 약 30분 만에 소조는 중독에 걸려 마침내 사망하였다.

〈606호 주사에 중독되어 사망〉,《매일신보》, 1917. 9. 2.

기적의 명약도 효과가 없었다. 박씨의 병은 당시 가장 비참한 병이라 불리던 매독이었다. 여기서 잠시 부연설명을 하자면, 박소조의 소조는 이름이라기보다 소저小姐의 오식誤植일 것이다. 당시 언론에 등장하는 여성 이름 중 김성녀金姓女가 많은데, 이는 '김씨 성을 가진 여자'라는 뜻이다. 근대 초기 여성이 공론장에서 이름을 부여받는 일은 매우 특별한 경우에 한했다. 소저, 성녀 등과 같은 명명법은 당시 여성의 사회적 지위를 대변하는 척도인 셈이다. 박소조 이야기로 돌아가보자. 그녀는 왜 매독에 걸린 것일까. 방탕하고 문란한 성생활 때문에? 매독균을 옮긴 사람은 아마 남편이 아니었을까.

매독은 유전병이었다. 매독에 걸리면 가문의 대가 끊어지기도 했

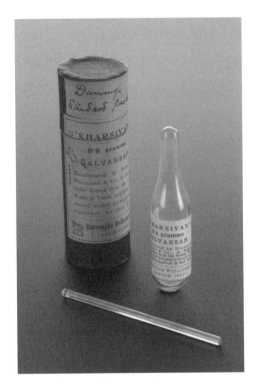

파울 에를리히가 발명한 매독 치
료제 살바르산 606호. 생긴 모양
때문에 '마법의 탄환'이라 불리기
도 했다.

다. 그렇기에 매독은 공포의 질병이었다. 매독은 발열과 피부 발진을
동반하며, 중추신경계를 손상시키기도 한다. 그래서 예전에는 정신착
란 증세를 보이는 환자를 매독으로 진단하는 어처구니없는 일이 발생
하기도 했다. 박소조가 맞은 주사는 매독 치료제 '살바르산 606호'였
다. 606호가 개발되기 이전에는 매독에 대한 변변한 치료제가 없었
다. 그러니 매독은 곧 불치병과 동일한 말이었다. 또한 고통스럽게 죽
는다는 의미였다. 성병 중 가장 강력한 파괴력을 지닌 매독에 대한 불
안과 공포는 조선뿐 아니라 서구에도 만연했다.

1909년 독일 과학자 파울 에를리히가 일명 '마법의 탄환Magic Bullet' 이라 불리는 살바르산 606호를 발명했다. 약명은 606번의 실험 만에 성공하여 붙여진 것이었다. 이 약의 매독 치료 효능은 인정받았지만 인체에 대한 안정성은 담보되지 않았다. 아이러니하게도 살바르산은 '세상을 구하는 비소'라는 뜻이었다. 독약 비소가 매독이라는 '독'을 제거하는 '영약' 원료로 사용된 셈이다. 그렇지만 독으로 독을 다스리다보면 부작용이 발생할 수밖에 없다. 박소조의 사인은 독극물 중독이었다. 즉 비소 중독으로 죽었다는 말이다. 하지만 페니실린이 발명되기 전까지 살바르산 606호는 부작용에도 불구하고 매독 특효약으로 수많은 사람을 죽음의 문턱에서 구원한 명약이었다.

어떤 창병에도 백발백중

그렇다면 살바르산 606호가 나오기 전, 대한제국 사람들은 어떻게 매독을 치료했던 것일까. 오랫동안 매독 치료법으로 애용된 방법은 수은을 이용한 것이었다. 수은을 피워 흡입하거나 연고 형태로 만들어 환부에 발랐다. 부작용이 극심했지만 딱히 다른 방법이 없었다. 그러던 중 드디어 대한제국의 성병 환자들에게 획기적인 신약이 등장한다.

본국에서 10년을 연구하여 사향소창단이란 약을 발명하였다. 남녀 물론하고 무슨 창병이든지 이 약을 매일 1개씩 먹으면 효험이 백발백중이다. 그런고로 매일 사람들이 답지하여 사가오니 창병이 있는 분들은 오래 고

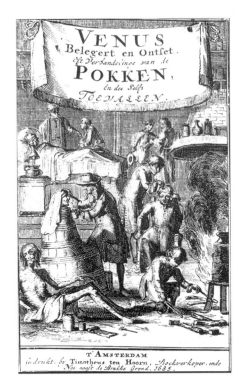

수은 증기를 쐬는 매독 환자. 부작용에도 불구하고 수 세기 동안 수은은 매독 치료제로 사용되었다.

생하지 말고 속히 왕림하여 문의하심을 희망함. 본포 인천항 축현 화평국 고백. 발매소 경성 종로 자혜약방. 인천항 용동 위생당. 경성 종로 공애당 약방.

_{〈사향소창단〉,《대한매일신보》, 1907. 10. 1.}

옛날에는 성병이라 부르지 않고 흔히 창병이라 일컬었다. 창병은 일명 매독이다. 당시 대표적 성병은 매독과 임질이었다. 사향소창단은 두 질병에 특효가 있는 약으로 선전되었다. 한 제에 4원짜리와 2원

50전짜리가 있었다. 사향소창단이 인기를 끌자 이와 경쟁하는 새로운 성병 치료제가 등장한다.

이 약방문은 서울 남대문 외 제중원 방문으로 제조한 약인데 동서양에서 상용하는 신묘한 약이라. 이 약을 쓸지라도 다른 해는 조금도 없고 당창 (창병)만 치료되오니 남녀 간 믿으시고 창병이 있는 이는 속히 사서 쓰시오. 혹 우리나라에서 수은을 피우면 낫는다 히오니 구감(입안이 헐고 디지는 병)이 대단하고 이가 빠지고 골격이 연하여져서 종신토록 기운이 쇠락하오니 깊이 조심하시오.

〈남녀창병거근약〉,《대한매일신보》, 1908. 6. 13.

남녀창병거근약의 가격은 5원이었다. 남녀창병거근약은 기존의 성병 치료제와 차별을 시도했다. 먼저 제중원 처방전으로 제조한 약이라는 점을 부각했다. 제중원이 어떤 병원이었던가! 최초의 왕립병원이자, 최초의 서구식 의료 기관이었다. 그만큼 제중원의 권위는 당대 그 어느 병원보다 높았다. 게다가 제중원을 설립한 선교사 알렌의 기록에 따르면, 1886년 제중원 환자 중 말라리아 환자가 가장 많고, 그다음이 매독 환자였다. 제중원은 매독이나 임질 같은 성병 치료에 다양한 경험을 지닌 의료 기관이었던 셈이다. 한편 그동안 판매되거나 사용된 성병 치료제의 원료가 인체에 해로운 수은이라는 점을 문제 삼으며 남녀창병거근약을 돋보이게 했다.

사향소창단이나 남녀창병거근약이 판매되기 이전, 1900년대 초기 성병 치료제로 쓰인 대표적 약품은 구전영사九轉靈砂였다. 대한제국 시기 가장 장기간 신문에 광고된 약이기도 했다. 구전영사는 수은에 황을 넣고 가열하여 승화하는 과정을 9번 반복해 만든 약으로 주성분이 황화수은이었다. 황성 내 수사전 독갑이골 위 모퉁이 첫 집 103통 1호에 사는 이호정이 수십 년간 연구한 묘법으로 만든 것이라 알려졌다.

구전영사는 모두 네 종류였다. 만응단, 보명단, 제중단, 자금단이다. 이 약들은 신체건강, 어린이가 복용하면 10세까지 무병, 미친병, 지랄병, 풍증, 반신불수, 이목제병, 임질, 경풍, 간기, 태열, 태한, 식체, 혈적, 학질, 토사, 이질, 괴질, 시기, 토혈, 하혈, 치질, 당창, 하감창, 제반 무명 독증, 악창, 난치의 병에 효능이 있었다. 구전영사 중에서도 만응단과 제중단은 임질에 효과가 있다고 선전되었다. 사향소창단과 남녀창병거근약이 성병에 특화된 약품이었다면 구전영사는 거의 만병통치약에 가까웠던 셈이다.

구전영사가 시판될 무렵 임질 같은 성병은 인간이 살면서 겪는 여러 질병 중 하나라고 인식되었다. 하지만 사향소창단과 남녀창병거근약이 등장하자 성병은 하나의 독립된 질병이자 특수한 질병으로 거듭나면서 사회적으로 주목받게 된다. 성병이 국가적 차원의 관리 대상이 된 것은 개인 성생활을 인구와 국력 관점에서 파악하면서부터다. 물론 조선시대 역시 개인 성생활은 '가문'과 연동된 측면이 강했다. 그러나 대한제국 시기로 접어들면서 개인 성생활을 출산, 인구, 국력의 관점에서 재인식하기에 이른다. 국가 입장에서 건강한 자녀 출산과 연관 없는 쾌락을 위한 성생활은 '낭비'에 불과했다. 그러하니 낭비의 결과인 성병은 부국강병의 적이자 원흉으로 부각된 것이다. 결국 국가가 바라던 것은 개인의 성 에너지를 애국의 에너지로 전환하는 것이었다.

이처럼 성병이 사회적·국가적 관심과 주목의 대상이 된 시기, 곧 사향소창단과 남녀창병거근약이 시판된 시점은 묘하게도 1908년 통감부 치하 대한제국에서 〈기생단속령〉과 〈창기단속령〉을 발표한 때와 맞물려 있다.

공창제도의 도입

〈기생단속령〉과 〈창기단속령〉은 겉보기에 매춘에 종사하는 기생과 창기를 단속하는 법령이다. 그러나 간과해선 안 될 점이 있다. 통감부 치하 대한제국 정부가 〈기생단속령〉과 〈창기단속령〉을 공포함으로써 공창제를 공식적으로 선포했다는 사실이다. '단속'의 의미는 매춘을 '금지'하는 것이 아니라 국가가 매춘을 '관리'하겠다는 의지의 표명이었다.

근대 공창제도 특징 중 하나는 매춘에 종사하는 여성을 대상으로 한 강제 성병 검진이다. 하지만 이는 매춘에 종사하는 여성의 건강을 위한 것이 아니다. 창기들은 성병 발병의 숙주로 인식되었다. 검진은 성을 매수하는 남성을 성병으로부터 보호하는 데 목적이 있었던 셈이다. 또한 근대 공창제도에는 성산업 합법화를 통해 세수를 확대하려는 의도가 깔려 있다. 당시 대한제국과 통감부는 자신의 존립 근거를 확립하기 위해 적대적 관계를 유지해야 했다. 하지만 공창제에 관해서는 양자 간 이익이 합치하는 부분이 존재했다. 대한제국 측에서는 풍기단속을 법제화해 국가와 민족의 앞날을 위태롭게 하는 성병을 방

1904년 일본 제국은 서울 충무로 근처 쌍림동에 신정 유곽이라는 공창을 만들었다. 대한제국
은 성산업 합법화를 통해 세금을 거둬들였고, 일제는 자국민들을 성병으로부터 보호하려 했다.

지·관리하려 했으며, 통감부 측에서는 대한제국에 거주하는 일본인
들을 성병으로부터 보호하려 했다. 대한제국과 통감부는 일종의 '적
대적 공범관계'였던 셈이다. 이런 시대적 상황 속에서 사향소창단과
남녀창병거근약 같은 전문 성병 치료제가 신문에 광고되고, 일반인에
게 대대적으로 시판되었다.

공창제도 시행과 치료제 광고를 통해 성병은 공공의 미래를 위협하
는 질병으로 부각되었다. 1904년 러일전쟁 이전까지만 해도 언론에
노출된 성에 관한 기사는 성병이나 매춘에 방점이 찍혀 있지 않았다.
조혼의 폐단과 축첩제도, 전근대적 결혼제도의 폐단에 따른 성 문제가
주된 논쟁거리였다. 그러나 러일전쟁 이후 성 문제는 매춘과 성병 그

리고 이에 따른 도덕적·윤리적 타락 문제가 커다랗게 이슈화되었다.

성병은 부끄러운 질병이다?

> 일본 동경 어떤 병원에서는 의사가 각 고등관의 아내들을 진찰하는데, 그
> 여인들의 병이 대부분은 풍류병이라. (중략) 일인고등관의 처들도 행실은
> 씩 잘하는 게여.

〈허튼수작〉, 《대한매일신보》, 1910. 6. 22.

풍류병은 화류병의 다른 말이다. 화류병은 매독과 임질 등 성병을
아우르는 말이다. "허튼수작"은 일본 상류층에 만연한 문란한 성도덕
을 비꼬는 기사이다. 성도덕, 문란, 타락이라는 말들이 지닌 위력은
이성理性을 압도하는 경우가 많다. 《대한매일신보》는 대한제국보다 자
국을 앞선 문명국이라 주장하는 일본 고위급 관리들의 성도덕을 문제
삼았다. 쇠망해가는 국가, 그 국가의 국민 된 자의 마지막 자존감을
도덕적·윤리적 우월감에서 찾고 있었는지 모른다.

그렇지만 성병에 걸렸다고 해서 모든 사람이 비난받은 것은 아니
다. 앞의 기사도 그렇지만 사건의 방점은 고위공직자의 '아내'에 찍혀
있다. 아내가 성병에 걸린 이유가 과연 아내의 자유분방하고 문란한
성생활 때문이었을까. 대부분 남편으로부터 전염된 것 아니었을까.
남성의 화류병과 여성의 화류병은 병명은 같지만 사회적 의미는 엄연
히 달랐다. 하물며 '성병=타락', '성병=수치'와 같은 등식이 요즘처
럼 완벽하게 일치하는 것도 아니었다.

개성군 영창학교의 체조교사 원제상 씨가 본래 임질이 있었다. 근래에 또 안질이 있어서 자기의 오줌으로 눈을 씻다가 임질이 전염하여 백약이 무효하고 폐맹할 지경이 된지라. 원씨는 명예로 배의학교와 영창학교에서 열심히 가르치다가 병으로 자리에 누워 일어나지 못함을 사람마다 가엽게 여긴다더라.

<임질 전염>, 《대한매일신보》, 1907. 10. 27.

원래 타락한 자에게 찾아든 성병과 그렇지 않은 자에게 기습한 성병을 판단하는 기준은 달랐던 듯하다. 위의 기사를 다시 쓴다면 이렇지 않을까.

개성군 영창학교 원제상 씨는 학생들의 체육과 위생을 담당하는 체조교사의 직분이 있음에도 불구하고 문란한 성생활로 임질에 걸렸다. 더욱이 신식 학문을 담당하는 그가 안질에 오줌을 바르면 나을 수 있다는 미개한 생각을 갖고 이를 실행하여 눈이 멀 지경이 되었다 하니, 이 얼마나 무지몽매한 일인가. 국가의 미래인 학생들을 가르치는 교사로서의 직분을 다하지 못한 원제상 씨야말로 조선을 야만의 길로 인도하는 주범인 것이다.

누군가는 '성'을 아름다운 것이라 했지만, 대한제국 시기 통용된 성에 대한 말들은 그리 아름답지 않았다. 성은 불평등했고, 성적 역할은 철저히 비대칭적이었으며, 성적 욕망은 국가적 통제하에 놓여 있었다. 어쩌면 권력을 잡은 사람들은 성 해방이 그 어떤 혁명보다 더 커다란 위력을 가졌다는 점을 일찌감치 간파했던 것 아닐까. 인간의 가장 원초적 욕구를 지배하는 것이야말로 인간의 모든 자유를 억압하기 위한 가장 기본적 수단이었던 것 아닐까. 도덕과 윤리라는 추상적 이념으로 휩싸인 금욕의 일상화야말로 인간의 자연스러운 욕망을 제도와 시스템에 얽매는 치밀한 억압 장치가 아닐까.

연극장, 화류계의 메카

《춘향전》은 '음탕 교과서'다? 대한제국 계몽 지식인들 중에는 실제로 그렇게 생각한 사람이 있었다. 한국 최고의 고전 명작으로 인정받는 《춘향전》이 왜 음란소설로 비난받았던 것일까. 요즘 잣대로 보면 '19금' 소설이기 때문이다. 이도령과 성춘향은 만난 지 채 하루도 되지 않아 버젓이 '합방'을 했다. 둘 다 미성년자다. 더군다나 이들이 추구한 지고지순한 사랑은 그들 개인을 위한 것이었지, 국가나 민족을 위한 결합이 아니었다.

개인의 사랑이나 열정이 모두 국가와 민족을 위한 것으로 환원되기를 바라던 시대가 있었다. 바로 대한제국 시기였다. 어디 이뿐이었겠는가. 개인 성생활도 공론화해 간섭하기 시작했다.

> 색色은 목숨을 해치는 독부毒斧다. 어린 나이에 여색에 빠져 밤낮없이 놀아나면 가정일은 물론이고 재산 또한 허다하게 낭비하게 된다. 어디 이뿐이겠는가. 기혈氣血까지 감손減損하여 명이 짧아지는 자가 허다하다. 조심할 게 이 아닌가.
>
> 〈사계四戒〉, 《대한매일신보》, 1909. 9. 18.

이도영, 《대한민보》, 1909. 7. 1.
이해조의 신소설 《산천초목(박정화 薄情花)》에 나오는 한 구절. "연극도 구경하고 부인석에 갈보 구경도 실컷 하겠더라. 에 참, 갈보도 많이들 모여들어. 아마 장안 갈보가 취군 나 팔소리만 들으면 나 모양으로 신이 절로 나는 것이더라."

　　과도한 성욕은 명을 재촉할 뿐 아니라 재물을 탕진하고 더 나아가 국가의 인구를 감소하게 만드는 원인으로 지목되었다. 그러니 개인의 성욕을 사회적으로 통제하고 조절하는 것이 중요한 문제로 대두되었다. 이런 상황에서 계몽 지식인들이 권장한 작품은 《춘향전》이 아니라 비스마르크, 나폴레옹, 이순신 같은 영웅의 전기였다.

　　대한제국 시기 원각사, 연흥사, 협률사 등 근대식 연극장이 세워졌다. 이곳에서 공연한 작품들은 조선시대 판소리계 소설이나 가무였다. 이에 계몽 지식인들은 연극장이 문명개화에 앞장서야 하거늘 과거 조선의 음탕하고 허무맹랑한 이야기만 공연한다고 비판했다.

1908년 11월 8일자 《대한매일신보》 논설 제목은 "연극장의 도깨비"였다. 한국 최초의 신소설이라 불리는 《혈의 누》를 발표한 이인직을 비판한 기사였다. 이인직은 원각사를 세워 연극 개량에 앞장섰는데, 그가 원각사에 올린 연극은 《춘향전》, 《심청전》, 《흥부놀부전》 같은 조선시대 작품이었다. 계몽 지식인들이 볼 때 《춘향전》이나 《심청전》은 국민을 계몽하는 작품이 아니었다. 그들이 연극장에서 공연되기를 바란 이야기는 을지문덕, 온달, 나폴레옹, 워싱턴, 로빈슨 크루소 등의 삶이었다. 계몽 지식인들은 연극장에서 "국민의 애국심"과 "국민의 고상한 감정을 고동"시킬 만한 작품이 공연되기를 절실하게 바랐다. 충신열사의 용맹과 대담한 남아의 모험담이 펼쳐지기를 기대했고, 연극이 국민 계몽의 도구로 사용되기를 간절히 원했던 셈이다.

근대식 연극장의 설립 목적을 계몽 지식인들은 문명개화를 위한 것이라 생각했다. 그러나 그들의 바람과는 전혀 다른 방향으로 연극장은 애용되었다. 대한제국 인민은 연극장을 일종의 오락문화공간으로 받아들였다. 나폴레옹이나 워싱턴 이야기보다 여전히 춘향이나 놀부나 심청의 이야기를 더 좋아했다. 어쩌면 저잣거리 평범한 사람들에게 필요한 것은 이념이 아니라 한기에 떨고 있는 자신의 삶을 위무할 따스한 온기와 웃음이었는지 모른다.

사람들이 연극장으로 몰린 것은 단순히 새로운 볼거리나 공연 문화에 대한 호기심 때문만이 아니었다. 연극장은 판소리계 소설을 공연하는 곳이자, 서구 문명의 산물인 활동사진을 볼 수 있는 곳이자, 이성과의 만남이 성사되는 새로운 공간이었다. 연극장 좌석은 남녀구별

법이 철저하게 적용되었다. 그렇지만 한 공간에 남녀가 함께 모일 수 있는 곳이었다. 이런 공간적 구조를 적극적으로 이용한 부류가 바로 화류계에 종사하는 사람들이었다.

관람객 중에는 공연보다 '잿밥'에 더 관심을 보인 사람들이 많았다. 연극장이 '부킹' 장소로 활용된 것이다. 성을 탐닉할 수 있는 새 공간으로 연극장이 인기를 끌었다. 대한제국 시대에는 남녀 간 건전한 교제라는 개념이 존재하지 않았던 듯하다. 이성 간 만남을 위해 연극장이 활용된다는 것, 그 자체가 문제시된 시대였다. 더군다나 이성 간 만남을 주선하는 장소로 주목받자, 성매매를 알선하는 뚜쟁이들이 연극장에 득시글거리기 시작했다. 그뿐 아니라 성매매에 종사는 여성들과 이를 구매하려는 남성들도 연극장으로 우르르 몰려갔다. 그래서 언론에서는 연극장이 문명개화의 상징이 아니라 어린 학생과 남성이 "갈보"를 구경하는 곳에 지나지 않는다고 비판했다. 결국 사복경찰들이 연극장에 잠입하여 성매매를 단속했다. 그렇다고 연극장의 성매매가 근절되지는 않았다.

이도영은 시사만평에 "동네 집에서 잠 좀 자자"라고 일종의 말풍선을 달았다. 관광특구나 관광지에서 벌어질 법한 호객행위가 만연했기에 써넣은 것이다. 연극장은 호객꾼을 동원했다. '취군 나팔', 곧 고객을 모집하기 위해 나팔을 불며 돌아다니는 직업이 등장했다. 호객꾼은 나팔을 불며 동네방네를 싸돌아다녔다. 한가로운 저녁 시간을 즐기려는 사람들은 짜증이 났겠지만, 밤 문화에 빠져들던 부나방들에게는 "그대들의 욕정을 마음껏 발산하라"는 신호로 들렸을 터이다. 그것도 개화된 문화와 문명화된 욕정이라는 미명하에.

통변

—인명살상, 재산탈취, 동포학대, 뇌물토색

통변들아 통변들아,

학문공부 하는 것은

세계화평 되게 하고

생민구제 하렴인데

외국말을 배웠다고

동포학대 자심하니

네 행위가 돈견이오.

정동대감 납신다!

사람들은 그를 정동대감이라 불렀다. 정동에 살았기 때문이다. 그에게 "하늘을 흔드는 권리"가 있다고 믿는 이도 있었다. 불량배 김홍경도 그랬다. 그는 한 여성을 강간하려다 경찰에 붙잡혔다. 죄를 짓고도 김홍경은 당당했다. 오히려 경찰에게 으름장을 놓았다. 내가 누군 줄 아느냐. 나는 정동대감의 동생이다. 이 몸은 러시아 국적을 가졌다. 감히 너희가 나를 잡아 가둘 수 있을 성 싶으냐. 사실 확인이 필요했다. 경찰은 러시아 공사관에 김홍경의 신원을 조회했다. 거짓말이었다. 정동대감의 이름을 들먹이면 무사하리라 생각한 것이다. 도대체 정동대감이 누구이기에 이런 파렴치한마저 그를 병풍으로 삼으려 했던 것일까.

정동대감은 바로 김홍륙이었다. 러시아어 통역관(통변)이었다. 나는 새도 떨어뜨린다는 권력을 지닌 인물이었다. 그렇다고 뼈대 있는 양반 가문 출신이 아니요, 뒷배경이 좋은 것도 아니었다. 그는 정규교육이라곤 눈곱만큼도 받지 않았다. 당시 계몽 지식인들은 그를 "무식한 놈", "천한 놈", "낫 놓고 기역자도 모르는 놈"이라 불렀다. 비록 배운 것은 없지만 김홍륙은 누구보다 정치적 생존본능이 강했다.

그렇게 별 볼 일 없던 김홍륙에게 인생역전의 기회가 찾아왔다. 고종이 아관파천을 단행한 것이다. 러시아 공사관으로 집무실을 옮긴 고종은 러시아어에 능통한 조선인을 찾았다. 자신을 보필하는 신하들 중 러시아어에 능통한 사람이 단 한 명도 없었기 때문이다. 그때 김홍륙과 고종의 운명적 만남이 이루어진다. 김홍륙은 블라디보스토크에서 고용살이를 하며 원어민에 가까운 러시아어 구사력을 체득했다. 김홍륙은 이 기회를 놓치지 않았다. 철저하게 야생적 감각에 따라 행동했다. 정글의 야수처럼 험하게 살아온 그는 무엇보다 결단이 빨랐다. 단순하고 민첩했다. 출세를 향한 욕망도 컸다. 고종에게 김홍륙의 등장은 기적 같은 행운이었다. 그러나 갑자기 찾아온 행운만큼 무서운 속도로 다가올 파국은 미처 예상치 못했다.

김홍륙이 러시아 공사의 위세를 빌려, 안팎의 크고 작은 관직이 그의 입에서 많이 나왔다. 김중환이 지방국장이 되고, 이충구가 경무사가 된 것도 모두 김홍륙이 러시아 공사 베베르Karl Ivanovich Waeber, 韋貝의 말이라고 임금에게 거짓으로 전달했기 때문이다. 이로 인해 조정 신하의 태반이 그에게 달라붙었다. 남정철은 김홍륙에게 자신의 첩을 보내 그와 음란한 짓을 하게 하고, 내부대신 자리를 구했다. 1월 26일에 임명을 받으니, 더럽다고 침 뱉지 않는 사람이 없었다.

정교, 조광 편, 이철성 역주, 《대한계년사》 2, 소명출판, 2004, 118쪽.

벼락처럼 떨어진 기회를 거머쥔 김홍륙은 잰걸음으로 국정 전반에 관여한다. 그는 "전국 권세를 농락"했다. 어떤 이는 벼슬자리를 얻기

남산 주한 일본 공사관에 모인 각국의 외교사절. 대한제국 시기 서구 제국주의 열강과 일본은 자신들의 뱃속을 채우기 위해 조선을 압박하고 있었다. 이제 러시아어와 일본어는 단순히 언어가 아니라 권력을 좌우하는 무기였다.

위해 재물을 바쳤고, 또 어떤 이는 "첩을 주고" 대신 자리를 구하고자 했다. 김홍륙은 그야말로 정계의 다크호스였다. 김홍륙은 고종의 총애를 받으며 학부협판, 귀족원경, 한성부판윤 등 고위관직을 두루 거쳤다. 다른 벼슬은 그렇다 치더라도 김홍륙이 학부협판, 곧 지금의 교육부 장관을 역임했다는 사실은 아이러니이다. 김홍륙은 자신의 세치 혀를 신출귀몰하게 부릴 줄 알았다. 김홍륙에게 러시아어는 단순히 언어가 아니었다. 출세가도로 내달릴 수 있는, 이 세상 강한 자로 살아남을 수 있는, 권력을 좌지우지할 수 있는 강력한 필살기였다.

파국, 암살과 암살

세 치 혀를 잘도 놀린 김홍륙은 결국 그 세 치 혀 때문에 파국을 맞았다. 저잣거리에 김홍륙에 대한 원성이 자자했다. 김홍륙은 "뱀과 전갈의 마음을 품고" "인민의 고혈을 빨기도" 하며 "국가의 막대한 권리를 팔"았다. 더군다나 그는 러시아어를 무기로 고종과 러시아 사이에서 위험하고 아찔한 외교적 농간을 서슴지 않았다. "동을 물으면 서를 대답"하기 일쑤였다. 민심이 들끓었다. 고종도 서서히 김홍륙의 부정부패에 질려가고 있었다. 더 이상 자신을 기만하는 김홍륙의 행위를 묵과할 수 없었다. 그러나 직접 나설 수는 없었다. 게다가 러시아가 김홍륙의 뒤를 봐주었으며, 자신의 거처 또한 러시아 공사관 내에 있었다. 고종은 규장각학사 이재순에게 김홍륙 암살 지령을 내렸다. 이재순은 다시 중추원의관 송정섭과 비밀리에 접촉했다. 송정섭은 유진구, 이봉학, 김재호, 이범석에게 고종의 명령을 하달했다.

자객들은 궁에서 퇴청하는 김홍륙을 덮쳤으나 약간의 상처만 입히고 말았다. 김홍륙 암살은 결국 실패로 끝났다. 고종은 재빨리 사건을 수습해야 했다. 김홍륙 암살 지시가 세상에 알려지면 고종의 안전도 위협받을 가능성이 컸다. 고종은 김홍륙을 테러한 범인들을 즉시 잡아들이라 명했다. 결국 자객들 중 유진구만 붙잡혀 희생양이 되었다. 태형 100대에 종신유배형을 언도받았다. 경찰국장 이충구는 치안을 책임지지 못한 죄로 파면당했다.

김홍륙 암살이 실패로 돌아갔지만, 마침 김홍륙을 처벌하라는 상소가 연일 올라오자 고종은 힘을 얻었다. 김홍륙의 온갖 비리와 매국행위를 모르는 사람은 아무도 없었다. 김홍륙은 자신이 감당할 수 없는 욕심을 부렸다. 또한 러시아 공사의 힘을 맹신한 나머지 정치적 동료들을 모두 적으로 만들어버렸다. 황제는 결단을 내렸다. 김홍륙을 태형 100대에 처하고 종신 귀양을 보내라 명했다. 유배지는 전라남도 지도군 흑산도였다. 김홍륙의 죄목은 황제를 기만하고 통역관이라는 직책을 빌미로 부정부패를 일삼은 것이었다.

김홍륙은 흑산도로 유배를 떠나면서 칼을 갈았다. 마음으로만 한 것이 아니었다. 그는 유배를 떠날 때 칼과 육혈포와 창을 숨겼다. 무기를 사용할 수 있을지는 미지수였다. 하여 다른 방법을 찾았다. 자신의 심복 공홍식에게 황제를 독살하라는 지령을 내렸다. 공홍식은 김홍륙의 추천으로 궁궐 주방에 들어가 외국요리를 전담한 인물이었다. 공홍식은 아편 한 냥쭝을 궁궐 창고지기 김종화에게 건넸다. 1,000원이 거사의 대가였다. 김종화는 돈에 눈이 어두워 공홍식에게 받은 아편을 고종이 마시는 커피에 넣어 진상했다. 커피를 마신 고종과 왕세자가 쓰러졌다. 하지만 다행히 모두 무사했다.

사건의 전모가 밝혀지자 대역죄인 김홍륙과 공홍식, 김종화를 사형에 처하라는 상소가 빗발쳤다. 고종은 허하였다. 롤러코스터 같은 인생을 살아온 김홍륙은 하루아침에 형장의 이슬로 사라졌다. 그가 처형된 뒤 황국협회 회원들은 시체를 저잣거리로 끌고 가 "칼로 찌르고 돌로 때려 팔다리와 몸을 갈랐다"고 한다.

일본 제국 군대의 서울 거리 행진 모습. 1906년 통감부 정치 실시 이후 일본 제국은 군대와 사무 관료를 이끌고 들어와 조선을 점령해갔다.

김홍륙의 후예들, 개돼지의 활갯짓

더 이상 김홍륙만큼 권세를 누린 희대의 통역관은 나오지 않았다. 그렇지만 김홍륙의 나쁜 피를 수혈한 통역 군단이 출몰하여 기승을 부렸다. 바야흐로 1904년 이후였다. 러일전쟁 이후 조선을 지배한 외국어는 일본어였다. 개항 이후 영어가, 아관파천 무렵 러시아어가 그랬듯 러일전쟁 이후 일본어가 곧 권력이었다. 특히 일본군 통역의 기세는 더욱 등등했다. 일본군 통역의 말은 말이 아니라 총칼과 같았다. 통역이 지닌 무소불위의 권력은 다양한 방식으로 행사되었다.

1906년 조선통감부 정치가 실시되자 일본 사람들이 우르르 조선으로 몰려왔다. 일본 제국은 군대와 사무 관료를 이끌고 들어와 조선을 점령해갔다. 수백 명에 달하는 일본인 통역도 포함되어 있었다. 조선어를 숙달한 일본인 통역으로는 부족했다. 그래서 일본어를 할 줄 아는 조선인 통역도 모집했다. 이러한 상황에서 새로운 직업들이 생겨났다. 헌병 보조원, 정탐꾼, 통변이었다. 이들은 통감부 정치 이후 대한제국을 좀먹고 인민의 생살을 뜯어먹는 '세 마귀'였다. 그중 통변의 행패는 더욱더 심했다.

한편 새로운 일상의 하부 권력으로 등장한 통역과 짜고 더러운 돈벌이에 나선 사람들도 생겨났다. 경상북도 영천군에 사는 박우삼이란 자가 그런 부류였다. 박우삼의 집은 고을 관아 앞이었다. 송사를 위해 관아에 출입하는 이들은 박우삼에게 좋은 먹잇감이었다. 그는 송사에 관여하여 여러 사람의 돈을 갈취했다. 그 사이 일본 수비대가 영천군에 주둔하게 되자 박가는 새로운 돈벌이에 눈을 돌렸다. 어떤 유부녀를 꾀어 일본 수비대 통역 한교승을 상대로 매음을 시켰다. 그러고는 그 유부녀를 자신의 집에 머물게 하면서 계속 매음을 강요했다. 시집 간 딸마저 몸을 팔게 했다. 박가는 자기 딸이 의병과 연관된 위험한 인물이라며 시집에서 다시 데려왔다. 마찬가지로 일본 수비대 병사와 통역을 상대하게 했다. 그뿐만 아니라 일본 수비대와 통역과의 은밀한 거래를 통해 얻은 쥐꼬리만 한 권력을 악용하여 동네 주민들의 돈

영국 《데일리메일Daily Mail》 지 특파원 프레드릭 아더 맥켄지Fredrik Arthur Mckenzie가 찍은 대한제국 의병, 1907년. 대한제국 시정개선에 있어 일제 통감부 지도받기, 일본인 관리 임명 등의 항목이 포함된 '정미7조약'에 반발하여 의병 운동이 전국적으로 발생했다.

을 빼앗았다. 무고한 사람들을 의병과 연관된 사람들이라며 위협해 돈을 뜯어낸 것이다. 때는 1908년으로 정미7조약에 반발한 의병운동이 한창인 시기였다.

조선인들은 일본군의 조선인 통역을 욕했다. 그러자 앙심을 품은 통역이 일본군에게 어찌 말했는지 모르나, 일본군은 여주군 내소리 마을 40여 호에 불을 질렀다. 아마도 이 마을이 의병을 도와주고 있다는 이야기였을 터이다. 이뿐만이 아니었다. 아무런 죄도 없는 사람을 의병과 내통했다며 일본군에게 이르고 그 사람의 집과 재산을 강탈했다. 불법 노름판을 벌이고 사람들을 유인해 전 재산을 탈취하기도 했다. 무고한 여성을 죄가 있다고 잡아가 강간하기도 했다. 유부녀를 협박해 작첩하는 일도 서슴지 않았다. 땅을 대신 팔아주겠다고 땅문서를 받은 후 그 땅을 착복하는 자도 있었다. 바야흐로 통역의 협잡질은 끝이 없었다. 그들이 믿는 것은 새로운 권력 일본이었다.

사람들은 통역을 "음특한 간세배"이자 "미친개"라고 불렀다. 일본군의 통역은 "극악한 종자"이자 "동족을 모함하고 살해"하는 자들이었고, "금수에도 비하지 못할 종자"였으며 "요괴로운 마귀의 간사한" "뱀과 전갈의 종류"였다. 이들에 대한 원한이 얼마나 뼈에 사무쳤는지, 통역의 "자손도 필연 멸종의 화를 면하지" 못하며, 죽은 후에는 "지옥에 들어가서 톱으로 켜고 불로 사르며 방아에 찧기는" 형벌을 받으리라는 사설이 신문에 실리기도 했다.

각 지방의 정형 보면 일병日兵 작폐作弊 고사하고 통변자의 세상이라. 인명 살해 무수하고 재산탈취 낭자하니 제가 비록 인형人形이나 돈견豚犬 행위 일반이라.

통변들아 통변들아, 학문공부 하는 것은 세계화평 되게 하고 생민구제 하렴인데 외국말을 배웠다고 동포학대 자심하니 네 행위가 돈견이오.

통변들아 통변들아, 일헌병과 수비대가 참 의병을 잡더라도 귀순토록 말할 텐데 무죄양민 무함하여 살해키로 위주爲主하니 네 행위가 돈견이오.

통변들아 통변들아, 젊은 부녀 잡아다가 의병가속家屬이라 하고 일인들을 부추겨서 무수 위협한 연후에 강간까지 하였으니 네 행위가 돈견이오.

통변들아 통변들아, 촌과 읍에 돌입하여 뇌물토색 하려다가 제 뜻대로 아니되면 의병굴혈窟穴이라 하고 불을 놓아 소멸하니 네 행위가 돈견이오.

통변들아 통변들아, 노상행인 무슨 죄로 연고 없이 집탈인가 우맹들이 겁을 내야 말만 조금 어눌해도 칼로 치며 총을 노니 네 행위가 돈견이오.

통변들아 통변들아, 일인변호 위탁받아 민형사를 처판할 제 법률대로 공
결 않고 뇌물청촉 위주하여 민원창천 하게 하니 네 행위가 돈견이오.

〈돈견종횡豚犬縱橫〉, 《대한매일신보》, 1908. 10. 6.

계몽 가사歌辭의 제목처럼 통역들의 행동거지는 개돼지의 활갯짓으
로 비판받았다. 통역의 주된 행패는 인명살상, 재산탈취, 동포학대,
뇌물토색 등이었다. 새로운 권력에 기생하면서 권력의 하수인이 된
자들. 바로 그들이 인민의 일상을 점령해가고 있었다. 권력의 거대하
고 무자비한 폭력만큼이나 저잣거리에서 벌어지는 사소하지만 일상적
폭력이 우리네 삶을 팍팍하고 힘겹고 지치게 만든다. 어쩌면 하부에서
행사되는 이러한 폭력이야말로 사람들을 두려움에 떨게 하고, 몸과 마
음을 권력에 굴종하는 신체로 길들이는 잔혹한 무기가 아닐까.

법률 브로커가 등장하다

1908년 9월 끔찍한 살인 사건이 발생했다. 이 살인 사건의 빌미를 제공한 관계자들은 모두 법률사무소와 연루된 사람이었다. 법률사무소 사무장과 '법률 브로커'가 공모한 사기행각이 결국 살인 사건으로 번진 것이다. 이병순이란 자가 있었다. 그는 평양에서 법률사무소를 운영하는 변호사 홍면희의 사무소를 찾았다. 이병순은 그곳의 사무장과 작당하여 위조문서를 만들었다. 통행권 징수에 관한 내용이었다. 평양성 서편에 보통강이 흘렀는데 이병순과 사무장은 이 강을 건너는 사람에게는 1전씩, 소와 말의 경우에는 1전 5리를 징수한다는 문서를 만들었다. 한평생 낸 적이 없던 통행료를 갑자기 지불하게 될 처지에 놓인 사람들은 분개했고, 우르르 몰려가 이병순을 붙잡았다. 그러고는 그의 귀와 코를 베고, 문서를 불살라버렸다.

근대식 재판제도와 법률사무소가 등장하자 이를 기회로 한탕 하려는 법률 브로커도 함께 나타나기 시작했다. 1895년 3월 25일 한성재판소와 고등재판소가 설립되었다. 갑오개혁에 따라 근대식 재판제도가 실시된 것이다. 고등재판소는 1899년 평리원으로 개칭하는데, 1907년 말까지 전임 사법관이 재판을 담당한 기관은 한성재판소와 고등재판소가 유일했다. 근대식 재판제도가 확립되자 변호사제도가 공

이도영, 《대한민보》, 1909. 11. 27.
직업이 무엇이냐고? 내 직업은 어리석은 사람들의 등골을 빼먹는 것이라오.

식적으로 시행되었다.

그런데 지금이야 익숙하지만, 언제부터 변호사라는 명칭이 사용된 것일까? 변호인도 아닌 변호사란 명칭은 일본에서 수입된 말이었다. 1898년 6월 7일자 《독립신문》에는 대언인代言人이라는 표현이 등장한다. 대언인은 변호사를 일컫는 말이었다. 이 역시 일본에서 가져온 말이다. 1901년 3월 15일자 《제국신문》은 변호사를 "대신 송사하는 직책"이라 설명한다. 그만큼 '변호사'라는 말 자체가 낯설던 시대였다. 이 명칭이 보편적으로 사용된 것은 1905년 이후의 일이다. 그렇

이도영, 《대한민보》, 1909. 7. 7.
법률사무소에 오신 것을 환영합니
다. 무슨 사건이든 해결해드립죠. 일
단 돈부터 낸다면 말입니다.

다고 해서 대언인이라는 명칭이 완전히 사라지지는 않았다. 《황성신
문》과 《대한매일신보》를 살펴보면 1908년까지 대언인이라는 표현이
나온다.

1905년 11월 〈변호사법〉과 〈변호사시험규칙〉이 시행되어 근대적
변호사제도가 창설되었다. '을사조약' 직후였다. 1907년 6월 24일, 최
초의 변호사 시험이 법부의 주관 아래 실시되었다. 총 20명이 응시하
였는데 6명이 합격하였다 한다. 변호사 시험은 1908년과 1909년 2회
더 실시되었고, 이후에는 사법관시험으로 그 명칭이 변경되었다.

1906년 통감부 설치 이후 일본인 변호사들이 대거 조선으로 들어왔다. 1907년 통감부 정책에 따라 재판소구성법이 제정되면서 일본식 재판제도가 도입되었기 때문이다. 이에 따라 일본인 사법관이 판사와 검사로 임용되었다. 일본인으로 판검사가 구성되자 대한제국 사람들의 불만이 쌓여갔다. 일본인 사법관은 조선의 풍속과 관습을 잘 알지 못해 판결을 잘못하는 경우가 많았기 때문이다.

또한 가장 큰 문제는 언어 장벽이었다. 조선인 소송인들 중 일본어에 능통한 사람이 얼마나 있었겠는가. 그래서 재판소에서 일본어 통역을 상주시켰다. 통역비는 50전 이상 5원 이하였다.

재판제도 자체가 일본식으로 바뀌자 이를 틈타 음흉한 계략을 꾸미는 사람들이 생겨났다. 친아버지가 죽자 계모에게 남겨진 유산을 빼앗으려는 친자의 소송이라든가 남의 재산을 늑탈하려 일부러 거는 소송도 심심찮게 발생했다. 이런 사건에는 어김없이 일본인 변호사와 일본인 법률사무소 직원이 끼어 있었다. 대한제국의 사법제도가 실질적으로 일본의 손아귀로 넘어가자 약삭빠른 일부 조선인이 일본 법률가의 힘을 이용한 것이다.

일본인 법률사무소는 일종의 '법률 브로커' 혹은 '소송 브로커'의 역할을 서슴지 않았다. 이들이 하는 일이란 이렇다. 한국인들의 송사에 끼어들어 뇌물 받기, 소송당한 사람의 집에 찾아가 협박하고 돈 갈취하기, 시세보다 높은 수수료 받기 등등. 일본인 법률사무소는 돈 챙기기에 바빴다. 우선 접견비와 수수료 명목으로 30냥을 거뒀다. 일종의 '상담료'였다. 일본인 법률사무소의 평판은 점점 나빠졌다. 1909년에 들어서자 일본인 법률사무소를 찾는 한국인이 대폭 줄었다. 이에

조선시대 관아에서 행해진 전통적 재판 장면.

일제 치하 경성재판소에서 행해진 근대적 재판 장면.

일본인 법률사무소는 영업 정책을 바꿨다. '선판결 후수수료' 정책이었다. 이를 미끼로 일본인 법률사무소는 조선인 소송인들을 유혹하기 시작했다.

1909년 10월 신규 등록한 변호사는 한국인이 45명, 일본인이 29명이었다. 전국에서 벌어지는 소송을 담당하기에는 턱없이 부족한 인원이었다. 또한 아무리 한국인 변호사가 뛰어난 법률 지식을 갖추었다 해도, 이미 사법제도 자체가 일본의 손에 넘어간 이상, '법' 그 자체로는 대한제국 인민을 변호하는 데 한계가 있었다.

6장

만민공동회

―백정과 신기료장수가 꿈꾼 세상

흉악한 수많은 무리들의 칼날과

어지러이 날아드는 돌멩이,

약한 것이 강한 것을 맞서기 어려웠으니

하늘도 순한 것을 돕지 않았도다.

아! 슬프도다.

그해 겨울은 매서웠다

1898년 겨울은 유난히 추웠다. 봄부터 서민들은 국정개혁의 열망을 안고 종로에 모여 투쟁을 벌였다. 아관파천 이후 대한제국 국정은 친러 세력이 장악했고, 이에 분개한 백성들은 국가의 자주권 쟁취를 위해 투쟁의 깃발을 들었다. 그러나 부패한 관리들은 나라를 말아먹는 데 여념이 없었으며, 서구 제국주의 열강 역시 자신들의 뱃속을 채우기 위해 조선을 압박하고 있었다. 무능한 관리들과 우유부단한 황제에 대한 백성들의 실망감은 커져만 갔다. 서민들의 삶은 점점 도탄에 빠졌다.

1898년 3월 10일 오후 2시였다. 독립협회 회원과 백성들이 침묵하는 황제를 향해 일제히 함성을 질렀다. "러시아인 탁지부(현 기획재정부)고문관과 군사고문관을 해고하라!" 마침내 만민공동회萬民共同會의 거리투쟁이 시작되었다. 황제는 두려웠다. 당시 서울 인구는 약 17만 명이었다. 이 중 1만여 명이 종로 네거리에 모여 러시아의 침략 정책을 반대하고 나섰으니, 그 어떤 바리케이드도 백성들의 열망을 가두기에는 역부족이었다.

황제는 러시아와의 외교 관계를 고려해야 했으나, 성난 민심의 눈

독립관 강연에 모인 사람들. 1896년 결성된 독립협회는 모화관을 개수하여 독립관으로 삼고, 애국계몽을 강조하는 강연회와 토론회를 자주 개최하였다.

치를 더 볼 수밖에 없었다. 마침내 황제는 러시아인 재정고문과 군사교관을 정식으로 해고하고, 한러은행도 철폐하였다. 독립협회와 만민공동회의 거리투쟁은 연일 계속되었다. 이들의 투쟁은 단순히 러시아의 대한제국 침략에 국한되어 있지 않았다. 쇠약해져가는 대한제국을 새롭게 재건하려는 서민들의 꿈과 희망의 총집합체가 바로 만민공동회 운동이었다.

독립협회장 윤치호와 민중대표로 선출된 쌀장수 현덕호가 만민공동회 투쟁을 이끌기 시작했다. 만민공동회는 국정 전반에 걸쳐 전면적 개혁을 요구하였다. 그러나 황제와 보수 관료들은 만민공동회의 의견을 제대로 수용하지 않았다. 8개월간의 지난한 거리투쟁 끝에 황제는 만민공동회와 공식 대화를 시작했다. 1898년 10월 28일부터 11월 2일까지 관과 민이 모여 국정개혁을 논의한 관민공동회官民共同會가 열린 것이다.

비록 천한 백정이지만

1898년 10월 29일 정부 관료와 각 협회, 학생, 상인, 맹인, 승려, 백정 등이 국정개혁의 열망을 안고 한자리에 모였다. 이때 관민공동회에 참석한 박성춘이 자신의 의견을 말했다.

> 이놈은 바로 대한에서 가장 천한 사람이고 매우 무식합니다. 그러나 임금께 충성하고 나라를 사랑하는 뜻은 대강 알고 있습니다. 이제 나라를 이롭게 하고 백성을 편리하게 하는 방도는 관리와 백성이 마음을 합한 뒤에야 가능하다고 생각합니다. 저 차일(천막)에 비유하건대, 한 개의 장대로 받치자면 힘이 부족하지만 만일 많은 장대로 힘을 합친다면 그 힘은 매우 튼튼합니다. 삼가 원하건대, 관리와 백성이 마음을 합하여 우리 대황제의 훌륭한 덕에 보답하고 국운이 영원토록 무궁하게 합시다.
>
> 정교, 조광 편, 김우철 역주,《대한계년사》3, 소명출판, 2004, 147쪽.

박성춘의 말이 끝나자 관민공동회에 모인 사람들이 일제히 박수갈

채를 보냈다. 박성춘은 백정이었다. 당시 가장 천대받는 직업에 종사한 천인이었다. 그러나 그에게도 꿈이 있었다. 나라가 잘 되기를, 그래서 서민들의 팍팍한 삶이 조금은 더 나아지기를.

박성춘의 열망은 관민공동회 결과인 '헌의6조'로 결실을 맺었다. 외국에 의존하지 말고 관민이 협력하여 황권을 공고히 하자, 광산·철도·석탄·산림·차관 등 외국과 조약을 맺을 경우 각부 대신과 중추원의장이 합동으로 서명하자, 재정은 탁지부에서 관할하고 정부의 다른 기관과 단체에서 간섭 못하게 하며 예산과 결산을 인민에게 알리자, 중대 죄인의 공판과 언론과 집회의 자유를 보장하자, 칙임관은 황제가 정부의 과반수 동의를 받아 임명하자, 갑오개혁 때 제정한 홍범14조와 각 부처의 장정章程을 실천하자. 황제도 '헌의6조'를 받아들이기로 했다.

모든 것이 잘될 것만 같았다. 황제가 백성들의 뜻을 헤아려 받아들였으니 더 좋은 나라, 살기 좋은 세상이 찾아올 것만 같았다. 그러나 일이 꼬였다. 관민공동회 결과 정부와 만민공동회 측은 '의회'를 개설하고 자주적 국정개혁을 추진할 것을 약속했다. 이에 가장 불안을 느낀 쪽은 황제가 아니라 친러 보수파였다. 보수파는 기득권을 보호하기 위해 마타도어, 곧 흑색선전을 시작했다. 일명 익명서, 즉 비밀 삐라를 살포한 것이다. 독립협회와 만민공동회에서 의회를 설립하고 박정양을 대통령으로 윤치호를 부통령으로 하는 공화정을 추진한다는 내용이었다. 황제는 분개했고 곧장 독립협회 해산령과 독립협회 간부들에 대한 체포령을 내렸다.

관민공동회, 백정 박성춘의 희망은 흑색선전에 동요한 황제의 말

저잣거리 떠돌이 신발 수선공. 대한제국 시기 가장 천대받는 직업에 종사한 천민에게도 꿈이 있었다. 나라가 잘 되기를, 서민들의 팍팍한 삶이 조금은 더 나아지기를.

한마디에 그렇게 처참하게 박살났다. 독립협회 간부들이 체포되고 사상 최초의 국회의원 선거가 수포로 돌아가자 만민공동회의 투쟁은 더욱 치열하게 전개되었다. 만민공동회의 철야 시위가 계속됨에 따라 황제는 체포한 독립협회 간부들을 풀어주었다. 그러나 만민공동회는 투쟁을 멈추지 않았다. 궁지에 몰린 고종은 최후의 수단을 동원했다. 독립협회와 만민공동회를 영원히 해체하기 위한 전략이었다. 황국협회 소속 보부상들을 용역깡패로 고용한 것이다.

신기료장수의 죽음과 열사의 탄생

1898년 11월 12일 만민공동회에 모인 수만 민중과 보부상들이 일대 격전을 벌였다. 보부상들은 모두 긴 몽둥이를 들었으나 백성들은 대부분 맨주먹이었다. 격렬한 싸움 끝에 만민공동회원 수십 명이 부상당했다. 그리고 한 사람이 보부상의 나무 몽둥이에 맞아 죽었다. 김덕구, 가죽신을 만드는 신기료장수였다.

1898년 12월 1일 독립협회와 만민공동회는 김덕구의 죽음을 의로운 죽음으로 규정했다. 의사義士 김덕구의 장례가 만민장萬民葬으로 치러졌다. 대한제국의사 김공덕구지구大韓帝國義士 金公德九之柩라 쓰인 명정이 노제행렬을 앞장섰다. 수많은 인파가 노제를 따랐다. 몇몇은 상여 위에 올라서서 요령을 흔들며 김덕구의 넋을 달랬다.

어화 우리 동포들아/ 충군애국을 잊지 마라/ 대한 의사 김덕구 씨는/ 나라를 위하고 동포를 사랑하다가/ 옳은 의리에 죽었으니/ 그런 의리가 또 어디 있느냐/ 어화 우리 회원들아/ 의리 두자 잊지 마라/ 의리로만 죽는다면/ 만인 일심 흠모하여/ 김덕구같이 장사하겠노라/ 어화 우리 만민들은/ 제 몸 하나는 잊어버리고/ 나라 일만 열심하여라/ 김덕구의 일신은/ 살아서는 무명타가/ 죽었으니까 의사로다/ 사는 것을 좋아 말게/ 죽어지니 영화로다/ 김덕구의 의사 이름/ 천추만세에 유전이라.

〈의리 있는 부상〉,《독립신문》, 1898. 12. 6.

노제행렬이 멈추고 여러 사람이 김덕구의 죽음에 대한 추모의 글을 읊고 술을 따르고 노래를 불렀다. 훗날 그의 이름은 역사의 한 페이지를 장식했다. 그러나 그가 진정으로 바란 것은 자신의 이름이 역사에 길이 남는 것이 아니었을 터이다.

아! 슬프도다. 공公은 평생 동안 의로움은 넉넉했으나 집안은 가난했도다. 신발 만드는 것을 생업으로 삼아 하늘의 명命을 알고 분수를 지켰도다. 하늘이 착한 사람을 보살펴 부호군 벼슬을 주셨도다. 편안히 물러나 있을 때, 이야기가 이웃 마을에 전파되었다. 우리 민회에서 상소를 지니고 대궐문에 이르자, 공은 이에 분발하여 일어나 밤낮으로 분주히 돌아다녔도다. 갑자기 미쳐 날뛰는 심한 홍수가 있어 다음날 아침 의로운 일을 위해 숭례문으로 길을 나섰다. 공은 앞장서서 자신의 몸을 돌보지 않았다. 진정 충성스러운 그 담력과 날래고 용감한 그 주먹으로 동으로 나가다 서쪽을 치고, 두 번 물러났다가 세 번 나아갔다. 흉악한 수많은 무리들의 칼날과 어지러이 날아드는 돌멩이, 약한 것이 강한 것을 맞서기 어려웠으니 하늘도 순順한 것을 돕지 않았도다. 아! 슬프도다. 공의 한 번 죽음은 땅에 기둥을 세우고 하늘을 버틸 만하였도다. 공의 이름은 길이길이 영원할 것이다. 멀리 가는 날에 산천도 적막하고 쓸쓸하며 동포들은 통곡하도다. 한잔 술로 정성을 나타내니 다만 혼령은 와서 감응感應하소서. 아! 슬프도다.

정교, 조광 편. 김우철 역주, 《대한계년사》 4, 소명출판, 2004, 101쪽.

만민공동회는 단순히 국정개혁을 바란 민중의 시위만은 아니었다. 그것은 새로운 나라로 거듭나기 위한 잔인하고 격정적인 축제의 현장이자 통과제의였다. 만민공동회는 태어나 단 한 번도 세상을 향해

장작불을 지피고 국밥을 나눠먹고, 초등학생의 연설이 집회장을 감동의 물결 속으로 몰아넣었던 만민공동회 모습은 오늘날 '촛불집회' 풍경과 다르지 않다. 대한제국 인민이 그리고 지금의 우리가 바라는 것은 조금이나마 더 자주 웃을 수 있는 세상 아닐까.

자신의 정치적 목소리를 과감하게 내뱉지 못했던 무수한 민중의 신명나는 굿판이었다. 그들은 그 잔인하고 격정적인 굿판을 통해 살아보지 못한 삶을, 꿈꾸지 못한 꿈을, 욕망하지 못한 욕망을 불태웠다.

1899년 새해가 밝자 황제와 보수파의 힘에 밀려 독립협회와 만민공동회가 역사 속으로 사라져갔다. 만민공동회에 모인 무수한 민중의 희망도, 백정의 꿈도, 신기료장수의 죽음도 모두 물거품이 되었다.

동포여, 소년 한국을 건설하자

1908년 11월 1일, 문명론자 최남선은 한국 최초의 근대식 잡지 《소년》을 세상에 내놓았다. 그는 왜 잡지 이름을 '소년'이라 지었을까. 소년은 미몽에 빠져 있는 미성숙한 '조선'을 상징하는 것이자, 조선의 미래를 이끌어갈 동량을 의미했다. 더 나아가 최남선이 말한 사전적 의미로는 '어린 사람'이 아니라 '젊은 사람'을 가리켰다.

1909년 12월 12일자 《대한매일신보》 잡동사니란에 일본인들이 조선을 늙은 나라라고 조롱한다는 기사가 실렸다. 신문의 편집진은 늙었다는 것을 죽을 날이 얼마 남지 않았다, 곧 대한제국이 망하리라는 의미로 해석했다. 그래서 대한제국은 결코 늙은 나라가 아니라 잠시 병든 나라일 뿐이라고 변명했다. 늙은 것을 다시 젊게 만들 수는 없으나 병든 몸은 "소년의 몸"으로 회복할 수 있다는 얘기였다. 최남선과 《대한매일신보》 편집진은 '신생 대한제국'을 갈망했다. 그들은 4,000년 역사를 품은 대한제국이 새로운 "소년의 한국"으로 거듭나기를 바랐다. 그러나 그것은 한낱 꿈에 불과했던 것일까. 아니면 어두운 미래를 예측하고 내뱉은 마지막 유언이었을까. 《대한매일신보》는 '한일병합조약'이 체결되기 얼마 전인 1910년 7월 1일자 논설 제목을 "소년의 한국"으로 정했다.

이도영, 《대한민보》, 1910. 2. 27.
대한제국 소년들이여, 너희는 배우고 또 배워 문명한 사람으로 거듭나야 한다. 그리하려면 너희의
심장에는 용맹한 기상이 용솟음쳐야 하고, 너희의 머릿속에는 모험 정신이 가득해야 한다. 문명이
라는 거센 파도를 헤치고 진군하라, 대한의 소년들이여!

우리 한국은 4천여 년 늙은 나라로 정치도 늙고 인민도 늙어서 (중략) 이웃
집 아이들이 그 주인이 늙고 기력이 없음을 업신여겨 서까래도 빼어가고
(중략) 결국에는 그 이웃집 건장한 소년이 (중략) 그 집 주인의 수족을 묶고
한편 작은 방에 거처케 하니 (중략) 어찌 가엽지 않으리오. (중략) 젊은 사
람은 항상 장래를 생각하고, 옛날을 생각하는 사람은 보수에 힘쓰며, 장래
를 생각하는 사람은 진보에 힘쓰는 것이 자연한 이치라. 동포들은 진보에
힘써서 우리나라를 위대한 소년국으로 만들지니라.

그러나 대한제국은 결국 소년의 몸을 얻지 못했다. 1894년 갑오개

혁 이후 계몽 지식인들은 대한제국 근대화를 위해 끊임없는 노력을 기울였다. 그들은 '소년 한국'이라는 꿈을 실현하기 위해 다양한 방법을 동원했다. 신문과 잡지를 만들어 인민을 계몽했고, 부패한 정치권의 각성을 촉구했다. 때로 근대식 학교를 설립하고 문명개화와 부국강병을 위해 헌신했다. 계몽 지식인들은 학생의 학습법에도 많은 관심을 기울였다. 서구 문명국의 방식으로 대한 소년들을 교육해야 했기 때문이다. 물론 계몽의 '빛'이 있다면, 그 이면에는 불가피하게 계몽의 '어둠'이 존재한다. 하지만 대한제국 시기 계몽 지식인들은 계몽의 빛이 너무 눈부셔, 그 빛의 이면까지 살필 겨를이 없었다. 더군다나 절체절명의 국가적 위기 속 문명화에 대한 갈급증은 더욱 심해갔다. 이런 때 대한의 소년들에게 도입된 서구식 교육 방법이 바로 연설, 웅변, 강연, 토론 등이었다.

근대 초기만 해도 연설, 웅변, 강연은 조선인에게 낯선 볼거리에 지나지 않았다. 대한제국 인민은 연설과 웅변과 강연의 중요성을 인식하지 못했다. 그럼에도 불구하고 계몽 지식인들은 이를 적극 활용하여 대한제국 인민 계몽의 노력을 멈추지 않았다. 연설, 웅변, 강연, 토론회는 신문과 잡지 발간보다 저비용이 들지만, 계몽의 당위성을 전달하는 데에는 더 직접적이었다. 훗날 연설과 강연회가 대한제국 인민에게 호응을 얻기 시작하면서 유료인 경우에도 방청객 수는 1천여 명을 넘나들었다. 그만큼 강연회나 연설회는 대한제국 문명개화를 바라던 수많은 사람의 갈증을 해소하는 중요한 행사였다.

이런 상황에서 1907년 안국선은 《연설법방》이라는 책을 출판하였다. 《연설법방》은 단순히 연설 방법을 기술한 책이 아니었다. 당대 사회를 계몽하기 위한 적극적 수단으로써 연설, 토론, 웅변이 얼마나 중요한지를 설명한 책이었다. 또한 《연설법방》에 제시한 연설 예문은 안국선 자신의 정치사상과 국가사상을 대변하는 글들로 구성되었다.

1910년 2월 27일 '소년잡지사 공개 제1차 강연회'가 원각사에서 개최될 예정이었다. 연사는 해외 유학생 최린, 채기두, 유승흠, 이한경, 오정선 등을 중심으로 구성되었다. 강연 주제는 "실패주의", "기왕의 세계와 장래의 세계", "시대정신과 신문 잡지", "우리 청년", "법률과 종교" 등이었다. 그러나 경찰서에서 강연회 금지 명령을 내렸다. 그리하여 청년들의 가슴을 설레게 했던 이 강연회는 끝내 개최되지 못했다. 소년잡지사는 판매된 입장권을 모두 환불해주었다.

7장

도박

—화투를 치다 삼십육계 줄행랑?

사쿠라가 피었으니 풍류남자 나오신다.

화월루 단성사에 각부 대신 놀아나서

물과 같이 돈을 쓰니 조사자리 네로구나.

1900년대 판 바다이야기

집안이 풍비박산 났다. 도박의 끝은 처절하고 참담한 막장이었다. 한 방이면 모든 것을 처음으로 돌릴 수 있을 것 같았다. 도무지 알 수 없는 한 가닥 희망이 마음을 들쑤셨다. 그 덕에 현실은 저만치 멀어져갔다. 욕망이 이성을 집어삼켜버린 순간 도박 빚은 눈덩이처럼 불어갔다. 선택지가 많지 않았다. 여인은 끝내 독약을 먹고 자살했다.

도박으로 집안을 말아먹은 여인이 음독자살을 하자 언론에서는 이를 놓치지 않았다. 경찰의 집중 단속을 피해 도박에 심취했던 그녀. 남편 가산을 탕진하고 집안을 풍비박산 낸 여자였으니 기삿거리로 더없이 좋았다. 그래서 기사 제목도 선정적으로 뽑았다. "그런 여인은 다 죽어야지!" 근대 초기 신문은 동일한 사건임에도 불구하고 여성의 범죄나 풍기문란에 대해 유독 가혹하게 비판했다. 철저한 가부장적 사회인 당시는 여성의 도덕과 윤리에 대해 더 엄격한 잣대를 들이대었다.

도박은 여인의 삶도 집안도 모두 송두리째 부숴버리고, 죽어서까지 언론을 통해 공분의 대상으로 전락하게 만들었다. 그녀의 삶을 처참하게 짓밟은 도박은 바로 '삼십육계'였다. 삼십육계는 여인의 삶뿐만

길 위에서 벌어진 도박 한판! 허리께에 찬 주머니가 두둑하다.

아니라 일확천금을 꿈꾼 수많은 조선인의 삶을 깡그리 조각내버린 1900년대 판 '바다이야기'였다.

'동양화'에 넋을 빼앗긴 사람들

골패, 화투, 깡, 알 굴리기, 삼십육계 등 다양한 종류의 도박이 넘쳐났다. 화투, 알 굴리기, 삼십육계는 모두 물 건너온 박래품이었다. 이 중에서 사회적 이목을 끈 노름은 화투와 삼십육계였다. 내부대신도 아

니고, 농상공부대신도 아닌 '화투대신'이란 말이 유행할 정도로 화투
는 고관대작을 중심으로 급속하게 퍼져나갔다. 반면 삼십육계는 일확
천금을 꿈꾼 서민들 사이에서 빠른 속도로 번져나갔다. 화투를 쳐서
인생 역전하기는 좀처럼 힘들지만, 일종의 '로또'였던 삼십육계는 인
생 역전의 꿈을 이룰 수 있다는 환상을 심어주기에 충분했다.

> 근일에 중추원고문 이지용 씨가 교동 자기 집에 화투판을 크게 벌이고 돈
> 몇천 환을 얻었는데 밤마다 기생을 불러서 같이 자고 돈을 많이 준다더라.
>
> 〈득실상반〉, 《대한매일신보》, 1909. 3. 18.

> 근일 원동 사는 중추원고문관 이지용 씨의 집에서 잡기판이 크게 열렸다.
> 밤낮으로 사람들이 모였는데, 주인 이씨와 조한용 씨는 돈을 많이 따고 조
> 민희 씨와 민영채 씨는 4,500환씩이나 잃었다더라.
>
> 〈원동판〉, 《대한매일신보》, 1907. 10. 3.

화투 하나로 당대 이슈메이커가 된 사람은 역시 이지용이었다. 농
상공부대신과 내부대신을 역임한 이지용의 별호는 화투대신이었다.
그만큼 그의 화투 사랑은 극진했다. 이지용은 고관대작들과 어울려
밤낮없이 화투를 쳤으며 판돈은 당시 돈으로 수만 환에 달했다. 그의
집은 전국 내로라하는 도박꾼들이 모이는 도박장으로 변했다. 경찰
단속에도 불구하고 이지용의 화투 사랑은 끝날 줄 몰랐다. 화투에 너
무 빠진 나머지 이지용은 자신이 그토록 아끼던 용산의 정자를 노름
빚 탕감을 위해 내놓기도 했다. 이지용은 화투와 향락을 즐기며 세월

을 탕진했고, 1910년 한일병합 이후에는 일본으로부터 백작 작위를 받았다. 그러나 1912년 그의 귀족 예우는 일시 정지되었다. 화투를 치다 경찰에 체포되었는데, "귀족의 품위를 손상시켰다"는 죄목이었다.

이지용, 이완용, 이용구, 박의병 같은 고관대작들만 화투에 미친 것은 아니었다. 이들의 화투는 심심풀이를 위한 놀이가 아니었다. 거금의 판돈을 건 도박이었다. 고관대작의 별실들도 매일 화투판을 벌였다. "뚱뚱 마누라" "의주집" "송도집"이라 불리는 여인들이 화투에 손을 댄 것이다. 경찰 단속은 더욱더 강화되었다. 여성이 화투를 치는 행위는 "풍속을 문란"케 하는 일이었다. 경찰은 행여 일반 여성들까지 화투에 빠질 것을 염려하여 고관대작의 별실들이 노름판을 벌일 때마다 예의주시했다.

국가 정책을 입안하고 이끌어가야 할 대신과 그 애첩의 지나친 화투 사랑은 언론의 뭇매를 맞았다. 그렇다고 그들의 화투에 대한 애착이 사라지지는 않았다. 언론은 화투장에 빗대어 세태를 비판하는 노래를 유포하기도 했다.

밝은 촛불 화투판에 성패득실 무수하니 시국형편 흡사하고 인정물태 가관일세.
송학 높이 우는 곳에 원로대신 앉았구나. 국은은 망극하고 애민직책 중대한데 수수방관 웬일인가. 아래 손을 잘 살피지.
우중행인 우산 속에 일진회가 나왔으나 천기청명 비가 개면 이매망량魑魅魍魎 없어진다. 요두전목搖頭顚目 저 행색이 해산 소식 낭자하니 이 판세가 틀렸구나.

사쿠라가 피었으니 풍류남자 나오신다. 춘풍이월 호시절에 차문주가借問酒
家 하처재何處在오. 화월루 단성사에 각부 대신 놀아나서 물과 같이 돈을 쓰
니 조사자리 네로구나.

〈화국득실花局得失〉 부분, 《대한매일신보》, 1908. 2. 12.

도박에 대한 언론의 비판이 들끓고, 경찰 단속도 강화되었다. 그러
나 도박의 사회적 폐단은 좀처럼 사라지지 않았다. 고관대작과 별실
그리고 기생이 경찰 단속을 피해 고액의 판돈을 걸고 화투 치는 것이
사회적 문제로 떠올랐다. 그렇지만 화투보다 더 크나큰 일은 가난한
서민들 사이에서 유행한 삼십육계의 광풍이었다.

삼십육계, 로또 광풍이 몰아치다

화투, 삼십육계, 골패 같은 노름은 도박이라는 말보다 '잡기雜技'라는
말로 더 자주 불렸다. 그래서 노름이나 도박을 단속하는 경찰을 '잡기
관인'이라 이름 붙였다. 잡기관인들은 화투보다 삼십육계를 더 집중
적으로 단속했다. 가난한 서민이나 빈민층에서 유행한 삼십육계는 그
피해가 매우 컸다. 삼십육계로 자살하거나 패가망신하는 사람이 부지
기수였다. 정부에서는 서울에 도둑이 많은 이유 중 하나로 도박을 지
목했다. 도박으로 돈을 잃은 가난한 사람들이 결국 도둑이 된다고 판
단한 것이다.

평양남도 중화군에서는 소위 청인회 삼십육계라 하는 잡기를 곳곳에 설시

전당포 전경. 도박으로 돈을 잃은 사람들은 도박 빚을 갚기 위해 전당포에 각종 세간과 집문서를 맡겨야 했다.

設施하고 남녀노소가 폭주하는 고로 가산을 탕패하는 자가 부지기수일 뿐더러 몇백 원을 빼앗기고 싸우다가 죽은 자가 4인이요 미친 자가 1인이라더라.

〈중화군 잡기〉,《대한매일신보》, 1909. 2. 13.

근일에 일인 전당포에 가옥 전당 잡힌 자를 조사한즉 3,000호 가량이나 된다는데 이것은 근래 재정의 곤란으로 인할 뿐 아니라 그 잡기로 인하여 전당 잡힌 자 절반이나 된다더라.

〈어리석다〉, 《대한매일신보》, 1909. 12. 8.

언론에서 도박이야말로 "도둑의 마음을 기르게" 하고, "도적의 근본"이라 떠들어도 사람들은 아랑곳하지 않았다. 경제가 어렵고 삶이 고단하고 빈부 격차가 심해질수록 사람들의 마음속에 '대박'과 '일확천금'이라는 꿈을 부추기는 악마가 꿈틀거리기 마련이다. 삼십육계는 사행성 도박의 정점이었고, 무수히 많은 서민의 삶을 갈가리 찢어놓았다.

삼십육계는 천인계, 만인계 같은 일종의 도박계이다. 상부상조를 기반으로 한 전통적 '계' 형태가 사행성 도박으로 변질된 경우였다. 특히 대한제국 저잣거리를 휩쓸아친 삼십육계는 조선의 삼십육계가 아니라 중국으로부터 유입된 것이었다. 삼십육계의 당첨 확률은 36대 1이고, 단 1회 추첨으로 끝났다. 판주가 쓴 숫자를 맞추면 30배의 돈을 받고, 판주가 쓴 숫자가 나오지 않으면 판돈이 모두 판주의 몫이었다. 판돈은 제한이 없었다. 결국 삼십육계는 노름판을 벌인 판주에게 절대적으로 유리한 도박이었다. 게다가 삼십육계를 한다며 돈을 모은 물주가 '삼십육계 줄행랑'을 치는 경우가 잦았다. 윤치호는 삼십육계를 '복권lottery'이라 부르기도 했다.

삼십육계에 당첨되기 위해 노름꾼들은 수시로 낮잠을 잤다. 꿈속에 등장한 행운의 숫자가 당첨되리라는 요행심이 발동했기 때문이다. 삼십육계는 특히 평안도 지방을 중심으로 전국 각지로 퍼졌다. 도박판을 벌인 사람은 주로 중국인이었다. 대개 중국인이 판을 벌여 조선인의 돈을 갈취했고, 조선인은 도박 빚을 갚기 위해 일본인의 전당포에 집문서를 맡겼다.

삼십육계 진원지로 평양 지방이 지목되자 주민들은 삼십육계를 엄금해달라는 민원을 끊임없이 경찰에 올렸다. 그러나 민원은 민원으로 그쳤다. 삼십육계로 평양 민심은 흉흉했다. 평양에서 삼십육계가 창궐한 이유를 어떤 사람들은 높은 실업률과 다수의 아편중독자 때문이라는 의견을 내놓기도 했다. 지각 있는 사람들이 삼십육계 엄금 민원을 제기하고, 언론에서도 연일 삼십육계를 근절해야 한다고 열을 올렸다. 하지만 삼십육계는 1910년 한일병합 이후 식민지 조선에서도 지속되었다. 도박판을 벌인 물주와 경찰과 헌병대의 '사이좋은' 공생 관계가 삼십육계를 더욱 부추겼다. 도박판을 개설한 중국인들은 시시때때로 경찰과 헌병대에 돈을 상납했으며, 공권력은 이를 수수방관했다.

삼십육계가 뿌리 뽑히지 않은 이유는 일확천금이라는 유혹으로부터 자유롭기 힘든 인민의 척박한 살림살이와 자신의 사회적 신분이 더 이상 출신성분이 아니라 '돈'에 따라 규정되는 세상으로 바뀌어서인지 모른다. 당시 언론을 보면 도박중독은 개인의 책임이지 사회의 책임이 아니었다. 삼십육계는 일확천금과 불안한 미래를 미끼로 평범한 사람들의 삶을 훔치는 대국민 사기극이었다.

재테크의 달인들,
황실 재산을 스리슬쩍 빼돌리다

'화투대신' 이지용은 왕족이었다. 그는 노름에 빠져 세월 가는 줄 몰랐다. 노름에 미친 그는 노름빚을 갚기 위해 용산강정龍山江亭을 팔아치웠다. 하지만 용산강정은 황실의 유산이자 별장으로 사용된 곳이었다.

《대한매일신보》에 '망국대부'라 자주 오르내리던 민영휘도 이지용과 다를 바 없는 인물이었다. 민영휘의 본래 이름은 민영준이다. 이지용이 노름에 빠져 있었다면 민영휘는 재테크에 미쳐 있었다. 그는 황실을 능가할 만큼 부유하여 조선 최고 갑부라 불렸다. 재산이 현재 화폐가치로 따진다면 자그마치 1조 원이 넘었다. 이 많은 돈을 민영휘는 어떻게 벌어들인 것일까.

금수錦繡 같은 대한 강산 그 뉘라서 망했는가. 사색분당 사부士夫로다. 사부 중에 누구런고. 서인들의 전권專權이오. 전권 중에 누구런고. 훈척勳戚들이 이 아닌가. 훈척 중에 누구런고. 민씨들이 더욱 심했네. 민씨 중에 누구런고. 민영휘가 판막았네. (중략)

망국대부 민영휘는 이내 말을 들어보라. 벼슬이라 하는 것은 일국정부 책임인데, 자기 물건같이 알아 돈 없으면 천거 않고, 친분이 없으면 아니 쓰

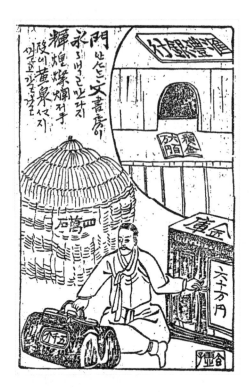

이도영, 《대한민보》, 1909. 9. 25.
민영휘, 그 많은 돈을 어디에다 쓸 것인가. 회풍은행에 6백만 엔, 금고에 60만 엔, 쌀 4만 석, 금은보화 5천 개. 저 휘황찬란한 돈다발을 황천까지 가지고 가겠지.

고, 군자들이 많더라도 천 리 밖으로 배척하여 소인들만 모였으니, 공의 죄가 두 가지오.

망국대부 민영휘는 이내 말을 들어보라. 인민이라 하는 것이 나라의 근본인데, 수령 방백方伯 다닐 때에 그의 피를 친히 빨고, 정부 위에 있을 때는 탐관오리 보내어서 전국 토피土皮 벗겨다가 자기 주머니에 넣었으니, 공의 죄가 세 가지오. (중략)

망국대부 민영휘는 이내 말을 들어보라. 500여 년 저 종사를 네 손으로 망해놓고, 이런 시대 당하여서 갈충보국 생각 없이 네 일신만 피난하고자 외

이도영, 《대한민보》, 1909. 12. 12.
설마 그 많은 황실 재산을 좀 갉아
먹는다고 탈이 날까. 티도 나지 않
을 듯.

국으로 가려 하니, 감탄고토 분수 있지 인정이면 이러할까. 공의 죄가 다
섯이라.

〈시사평론〉, 《대한매일신보》, 1909. 4. 18.

여흥 민씨 척족의 대표적 인물 민영휘는 자신의 권력을 이용하여
백성들의 호주머니를 강탈했다. 그뿐만 아니라 황실 내탕금을 이리저
리 굴려 돈을 불렸다. 돈에 관한 한 그 누구도 따를 수 없는 촉을 지녔
던 민영휘는 중국 상하이의 회풍은행에도 당시 돈 수천만 원을 예금

해놓았다고 한다.

1909년 무렵 민영휘에게 재산을 강탈당한 사람들이 소송을 걸기 시작했다. 또한 각종 신문에 민영휘의 탐학한 행동과 매국적 행위를 비판하는 기사가 줄줄이 실렸다. 이에 민영휘는 첩의 소생 민대식을 시켜 신문사 기자들에게 청탁을 넣기 시작했다. 자신의 기사가 신문에 실리지 않게 도와달라는 내용이었다. 그러나 청탁을 받아들인 기자는 없었다. 자신의 일거수일투족이 저잣거리 사람들의 입방아에 오르자, 마침내 민영휘는 모든 식솔을 거느리고 상하이로 떠나겠노라 말했다. 그런 그가 서울에 100칸짜리 양옥을 신축하고 있다는 소문이 돌고, 마차를 새로 구입했는데 자신의 마차가 오가는 길이 좁다며 길을 확장했다는 이야기가 떠돌자 사람들은 코웃음을 쳤다. 이지용이나 민영휘가 이토록 부를 축적하고 기세등등하게 산 배경에는 대한제국 황실과 맺은 깊은 관계가 있었다. 대한제국 황실은 가장 가까운 곳에 도둑놈이 있다는 사실을 가끔씩 까맣게 잊었다.

1908년 '궁내부 어용 한성미술품제조공장'이 설립되었다. '한성미술품제조공장'은 궁내부에서 돈을 출자한 것이니, 당연히 대한제국 황실에서 세운 것이었다. 한성미술품제조공장에서 취급한 물품은 대부분 공예품이었고, 황실에서 쓸 용품을 만들었다. 그러나 이 공장은 황실 물품만 취급하지 않았다. 《황성신문》에 국내 여러 고객의 주문을 받는다는 광고를 냈으니 말이다.

한성미술품제조공장이 언론의 주목을 받은 것은 초대 통감 이토 히로부미의 생일 때문이었다. 고종은 1908년 이토 히로부미의 생일을 맞아 어쩔 수 없이 조선의 고귀한 예술품들을 내놓았다. 1909년 순종은 이토 히로부미를 위해 한성미술품제조공장에 금은 화병 제작을 의뢰했다. 약 1만 원이 들어간 금은 화병이었다. 한성미술품제조공장의 대표이사는 고종의 총애를 받았던 것으로 추정되는 이봉래였다. 그는 고종의 총애, 황실의 은혜를 적극적으로 활용했다. 송병준과 짜고 황실 문화재를 몰래 빼돌려 제멋대로 팔아먹었다.

이지용이나 민영휘, 이봉래 등은 모두 대한제국 황실과 관련 있는 사람이었다. 이들의 부도덕한 행동이 언론에 오르락내리락하고, 대한제국 인민으로부터 무수한 질타를 받았음에도 불구하고 대한제국 황실은 이들에 대해 특별한 법적 처벌을 내리지 않았다.

8장

청결

—목욕탕, 이발소, 하이타이의 탄생

청결에 대한 강박증이

대한제국을 점령해가기 시작했다.

조선인은 잘 씻지 않을뿐더러

'거름을 거른 것' 같은 물을 마시니

질병에 자주 걸린다는 얘기가

저잣거리에 대대적으로 유포되었다.

목욕해서 제일가는 인종이 되세

어떻게 하면 동양에서 가장 뛰어난 '인종'이 될까. 서구와 상대할 수
는 없었다. 아무리 홈그라운드 이점을 살린다 해도, 문명론자 입장에
서 서구와 조선을 비교하기란 하나 마나 한 일이었다. 그래서 눈을 돌
렸다. 그래야 자존감을 회복할 수 있을 것 같았다. 조선을 청나라와
일본과 비교한다면?

> 조선 사람들을 동양 각국 사람들과 비교해보면 청국 사람들보다는 더 총
> 명하고 부지런하고 깨끗하고, 일본 사람들보다는 크고 체골이 더 튼튼하
> 게 생겼다. 만일 우리가 교육을 잘해서 의복 음식 거처를 학문 있게 하면
> 동양 중에 제일가는 인종이 될 터이다. 만일 우리가 제일가는 인종이 되면
> 나라도 따라서 제일가는 나라가 될 터이다.
>
> 〈논설〉, 《독립신문》, 1896. 5. 2.

조선은 청나라나 일본보다 훌륭하지만, 그것만으로 만족할 수 없는
노릇이었다. 더 잘나야 했다. 그럼 무엇이 중요할까. 계몽 지식인들은
질병에 주목했다. 그들은 병이 없어야 조선인이 튼튼한 몸을 지니며,

그 체력을 바탕으로 세계 가장 훌륭한 나라로 발돋움할 수 있으리라 믿었다. 개인위생이 중요한 문제로 떠오른 것이다. 따라서 청결에 대한 강박증이 대한제국을 점령해가기 시작했다. 조선인은 잘 씻지 않을뿐더러 "거름을 거른 것" 같은 물을 마시니 질병에 자주 걸린다는 얘기가 저잣거리에 대대적으로 유포되었다. 한마디로 "조선인은 더럽다"는 이야기였다.

개인의 위생과 청결은 곧 국력 증강의 기반이었다. 그렇다면 어떻게 조선인의 '더러운' 몸을 깨끗하게 씻어낼 것인가. 목욕이 강조되었다. 일차적으로 목욕은 질병 예방을 위한 일이었다. 그 다음으로는 어떤 구체적 효과가 있었을까.

여름과 겨울에 냉수로 목욕하는 것은 사람의 피부를 강장하게 하고 혈분을 청결하게 하는 큰 이익이 되는 일이니 혹 수건을 냉수에 적셔 신체를 닦아도 좋고, 목욕은 일주일에 세 차례가 적당한 일이오.

〈위생에 요긴한 조목〉,《대한매일신보》, 1909. 10. 27.

계몽 지식인들은 대한제국 인민에게 적어도 일주일에 세 번은 깨끗한 물로 목욕할 것을 권했다. 그러나 먹는 물도 그리 풍족하지 않은 나라에서 목욕할 물이 얼마나 있었겠는가. 더군다나 상수도가 보급되지 않은 상황에서 깨끗한 우물물을 얻기 위해서는 돈을 내야만 했다. 목욕은 사치에 가까웠다. 그렇다고 개울에서 목욕을 하라 권장할 수도 없었다. 사람들이 개울에서 목욕을 하면 개울이 더러워진다고 생각했기 때문이다.

알브레히트 뒤러, 〈남자들의 목욕〉, 1496년.

그럼에도 불구하고 계몽 지식인과 정부 개화파 인사들은 대한제국 백성에게 목욕을 적극적으로 권하며, 목욕하지 않는 것을 개인의 책임으로 돌렸다. 1896년 배재학당 학생들을 중심으로 협성회가 조직되었다. 협성회는 대중계몽단체였는데, 조선의 문명부강을 위한 토론회를 자주 열었다. 1898년까지 약 30회의 토론회가 진행되었는데, 이때 거론된 안건 중 하나가 "목욕간을 집집마다 두어 몸을 정결하게 함이 가可함"이었다.

백성의 목욕이 조선의 문명부강을 위해 그토록 중요한 사안이었으면, 국가가 나서서 저렴한 공중목욕탕을 설립했어야 한다. 그러나 그렇게 하지 않았다. 이런 와중에 시세 변화에 민감한 장사치들이 재빠르게 움직였다.

광통교 남천변에 수월루라는 요릿집을 새로 개시하였는데, 대한 음식과 서양 요리와 각색 술과 희귀한 과실이 있고, 한편에 목욕탕이 있고, 뒤로는 정결하고 조용한 처소가 많이 있사오니 (중략) 여러 군자들은 와서 노시기를 바라옵나이다. 수월루 주인 이시직 고백.

〈광고〉,《매일신문》, 1898. 8. 22.

초창기 공중목욕탕은 음식점을 겸하는 경우가 많았다. 수월루와 보성관이 음식점 겸 공중목욕탕이었다. 1899년에 이르러 전문 목욕탕이 생겼는데, 이름이 장수정이었다. 장수정은 단순한 공중목욕탕이 아니라 일종의 '유사 병원'이었다. 목욕으로 질병을 치료할 수 있다는 믿음과 소문이 저잣거리에 떠돌았기 때문이다.

새문 밖 유동에 사는 김윤식 씨가 자기 집에다가 목욕탕을 설립한 지가 4,
5년 되었다. 목욕하는 물은 집안에 있는 우물물로 댄다. 그간에 병든 사람
여럿이 그 물에 목욕하고 즉시 치료가 되어, 이 말이 전파되어 궁중에까지
이르렀다. 영친왕 전하께옵서 통촉하옵시고 장수정이라 이름 하여 예필
로 사액하시었다. (중략) 목욕한 사람들이 그 물의 신효함과 예필로 사액
하심에 봉답하여 찬송하는 글들을 많이 지어 보냈는데, 거의 천여 수에
이르렀다.

<세계 신탕>,《대한매일신보》, 1904. 10. 13.

목욕이 개인위생과 직결되고, 질병 치료에 효과가 있다는 말이 떠
돌았다. 감옥 죄수들도 일주일에 한 번씩 목욕을 시켰다. 수월루와 장
수정 같은 공중목욕탕이 점점 늘어갔다. 물론 공중목욕탕을 설립하기
위해 정부 허가를 받아야 했다. 1908년에는 뜻있는 유지자들이 인민
의 위생과 청결을 위해 서울 사동 근처에 한일韓壹 목욕탕을 설립했
다. 1909년에 이르면 한일 목욕탕을 제외하고 한국인이 경영하는 공
중목욕탕은 한 군데도 없었다 한다.

이발, 최첨단 하이패션

목욕만으로 불충분했다. 1895년 고종의 명으로 제1차 단발령이 실시
되었을 때, 머리카락을 짧게 깎는 것이 위생에 좋다고 선전되었다. 단
발은 목욕처럼 위생과 청결의 문제였으며, 더 나아가 문명의 상징이
었다.

이발 풍속은 조선의 문명화 과정에서 새롭게 등장한 것이다. 상투를 틀거나 댕기를 묶고 다닐 때만 해도 이발은 중요한 일상생활 양식이 아니었다. 두 차례에 걸친 단발령이 실시되고, 그것이 문명개화의 상징으로 떠받들어지자 대한제국의 근대식 이발 문화도 자리를 잡아가게 된다.

초창기 장발과 상투를 단속한 체두관剃頭官에게 단발은 국법을 어긴 자들의 머리카락을 바리캉으로 밀어버리는 것에 불과했다. 그러나 단발령에 대한 집단적 반발에도 불구하고, 단발을 문명의 패션이자 서구식 최첨단 헤어스타일로 받아들이는 사람들이 생겨났다. 단발은 구시대와 차별된 신시대의 것이었다. 이왕 단발할 바에야 멋지게 하는 게 좋았다. 그래서 찾아간 곳이 이발소였다. 이발사는 단발령과 함께 등장한 신종 직업이었으며, 이발소는 조선의 문명화 과정에서 나타난 근대적 공간이었다.

본인이 이발 졸업생을 고빙하고, 소독기계를 특별히 신설하였사오니 첨군자는 종로 어물전 뒤 고등 이발소로 내림하시기를 희망함. 홍종윤.

〈이발 광고〉,《대한매일신보》, 1908. 10. 28.

서부 서대문 내 장창식 이발소에서 특히 소독을 잘하고 이발도 잘하며 값도 헐하오니 첨군 동포는 한번 시험하시기를 희망함. 장창식 고백.

〈특별 이발 광고〉,《대한매일신보》, 1910. 3. 29.

소독기계를 구비하고, 기술을 배운 졸업생을 고용했으며, 값이 싸

1890년 7월 10일자 일본
《풍속화보》에 실린 이발소
풍경. 일본에서 배워온 이
발 기술, 소독기계 도입 등
대한제국의 이발소는 문명
화 과정에서 나타난 근대적
공간이었다.

다는 식의 이발소 광고가 신문에 실렸다. '소독'이라는 개념 자체가
생소한 시기였다. 19세기 후반《독립신문》편집진이 한의학을 미개하
고 야만적 의술행위라 지탄한 원인 중 하나가 바로 '침'을 소독하지
않고 쓴다는 것이었다. 그만큼 소독이라는 개념은 근대 문명과 직결
된 것이었다. 그러니 소독기계 구비 등 최첨단 시설을 도입했다는 말
에 사람들은 눈길 한 번 더 주지 않았을까. 게다가 이발 기술을 가르
치는 곳이 조선에 없었으니 당연히 일본인 혹은 일본에서 이발 기술
을 배우고 돌아온 전문 기술자가 이발했을 터이다. 한편 일본인이 경
영하는 이발소와 경쟁하기 위해 조선인이 경영하는 이발소는 값을 내
릴 수밖에 없지 않았을까.

이제 누구나 일상적으로 머리카락을 깎는 시대가 되었다. 이발사는 잘나가는 직종이었고, 이발소는 돈 되는 사업이었다. 그래서 '경성이발소조합'이 결성되어 이발소의 권익을 보호했다. 조선인은 일본인이 경영하는 이발소 이용을 꺼렸기에 일본인은 조선인 이발 기술자를 고용하여 이발소를 운영하기도 했다. 1907년 제2차 단발령 때에는 몇몇 이발소에서 단발령 기념 할인 행사를 실시한 적도 있었다. 장사를 하는 사람에게 정치는 정치고, 돈은 돈이었다.

이발소는 머리카락을 깎는 곳만이 아니었다. 젊음을 돌려주는 마법의 공간이 되었다. 1910년이 되자 이발소에서 드디어 염색을 시술하기에 이른다.

본인이 외국 의원에게 백발환흑白髮換黑하는 비방을 배웠는데, 한 번만 바르면 검은 윤채가 영구불변하오니 동포 자매는 내림하시여 일차 시험하심을 희망함. 대한문 앞 진문환 이발소.

〈광고〉,《대한매일신보》, 1910. 4. 14.

제국주의 식민지 정책의 일환으로 실시된 단발은 서서히 근대의 패션으로 자리 잡아갔다. 장병무, 이동희, 장창식, 남춘원, 진문환 등이 한국 이발계의 1세대였다.

서양법대로 빨아드립니다

머리카락을 깎고 목욕을 해도, 옷가지가 더러우면 무슨 소용이겠는

가. 갑오개혁이 실시되면서 '흰 옷 금지령'이 내려졌다. 조선인들은 대부분 값이 저렴한 무명 흰 옷을 입었다. 흰색을 좋아해서라기보다 염색할 비용과 노동력을 줄이기 위해서였을 터이다. 조선의 문명화를 추진한 사람들은 쉽게 더러워지는 '흰 옷'을 야만의 복장으로, '검은 옷'을 문명의 복장으로 여겼다. 검은색 옷이 때가 덜 타고 깨끗해 보인다는 이유에서였다. 정부가 검은 옷을 권장하고, 흰 옷을 입은 사람들을 단속했지만, 몇백 년 내려오던 습속이 하루아침에 바뀔 리 없었다. '검은 옷'의 강제적 장려보다 오히려 더 효과적인 것은 옷을 잘 빨아 입게 하는 일이었다.

> 양잿물이 지독하여 위생에 매우 해롭거늘 무식한 여인네가 우물가에서 빨래하니 그 뉘가 금단하면.
>
> 〈시사필언〉, 《제국신문》, 1901. 3. 23.

조선시대 사람들은 일반적으로 '잿물'을 세제로 사용했다. 양잿물은 서양식 잿물, 곧 수산화나트륨을 뜻했고, 일본식으로 가성소다, 당시 한국식 표현으로 '타는 소다'였다. 양잿물로 옷을 빨면 뛰어난 표백 효과를 얻을 수 있었다. 문제는 양잿물이 독성을 지녔다는 데 있었다. 일부 사람들이 자살할 때 쓰는 독극물을 세제로 사용하니 문제가 아닐 수 없었다. 더군다나 수질 오염에 민감한 정부 입장에서 우물가에서 양잿물로 빨래하는 것을 어떻게든 금지해야만 했다. '위생순검'이 공권력을 이용해 우물을 주기적으로 관리한다 해서 모든 일이 해결되지는 않았다. 빨래 방법의 혁신이 필요한 시기였다. 양잿물보다

소다, 곧 탄산나트륨, 당시 한국식 표현으로 '순소다'가 새로운 세제로 권장되었다. 양잿물 빨래가 문제시되던 바로 그 시절 세탁소라는 신종 사업장이 생겼으며, 저가의 공동 세탁장도 등장했다.

> 본인이 나가사키 세탁업을 수업하고 지금 아래 장소에 개점할 터인데, 세탁비는 매우 저렴하오니 여러분들은 방문하심을 희망함. 남서 영락정 2정목 40번 임한명 고백.
>
> 〈광고〉, 《대한매일신보》(국한문), 1908. 1. 4.

> 본인이 세탁소를 아래 장소에 설시하고 빨기도 정결히 하오며 값도 특별 염가로 하겠사오니 내외국 첨군자는 속히 방문하시오. 목도리, 속적삼, 부인 신사의 주단 화복, 남녀 학도의 화복, 군인 순사의 화복을 다 서양법대로 빨아드림. 서소문 밖 흔다리목 대한 세탁소.
>
> 〈광고〉, 《대한매일신보》, 1908. 5. 23.

일본 나가사키에서 배운 세탁 방법은 무엇이며, 서양법은 무엇일까. 당시 이미 나무통 세탁기를 발명·사용하고 있었으니, 세탁기를 이용한 것은 아니었을까. 또한 세제 역시 서구에서 발명한 것을 사용하지 않았을까. 가성소다나 순소다 말고 전문 세탁용 세제가 대한제국에 수입·판매되고 있었으니 말이다. 상품명은 '청백분淸白粉', 일본말로는 '세이하쿠분'이었다.

이 빨래분은 영국에서 특별히 만든 것입니다. 명주든지 무명이든지 기름

우물가에 모인 아낙네들과 물장수. 위생순검이 청결을 위해 우물을 관리하고, 전문 세탁용 세제가 발명되었을지라도 여전히 양잿물로 빨래하는 경우가 훨씬 많았다.

이 묻거나 때가 묻은 것이라도 이 분으로 빨면 즉시 깨끗하게 됩니다. 비누와 양잿물보다 값이 싸고, 힘이 들지 않고, 품질을 상하지 않게 하고, 경제상으로 말하여도 대단히 유익하고 사용법도 어렵지 않은 편리한 빨래약입니다. 또 한 번 빤 물이라도 너무 묽어지지 않고, 몇 번이라도 사용할 수 있으며, 세수하거나 부인의 머리 감는 데는 아주 묽게 하여 쓰시면 때가 잘 빠집니다.

〈광고〉, 《대한매일신보》, 1910. 7. 24.

청백분이 아무리 좋다지만, 이 세제를 구입해 사용할 수 있는 대한 제국 백성들이 얼마나 됐을까. 여전히 양잿물이 대세였다. 1910년대 음독자살의 대부분은 양잿물을 마신 경우였다. 그만큼 양잿물은 일상에서 쉽게 구할 수 있는 '생활용품'이었으며, 손이 쉽게 닿는 곳에 비치되어 있었다는 얘기다.

몸, 익숙한 것들과의 결별

대한제국 계몽 지식인들은 문명개화를 근대화라 철석같이 믿었다. 문명이니, 개화이니, 계몽이니, 근대화이니 하는 것들을 선善한 가치로 여겼다. 그런 까닭에 조선의 옛 풍습의 대다수는 어느 날 갑자기 악惡한 것으로 변해 있었다. 물론 충과 효의 풍속은 좋은 가치로 인정했다. 하지만 조선 사람들의 일상생활 전반은 야만적이고 미개하다 여겼다.

계몽 지식인들이 대한제국 인민을 향해 끊임없이 '몸'을 바꾸라 요구했다. 그렇다면 어떻게 몸을 바꿔야 하는 것일까. 바로 서구 사람들처럼 바꿔야 한다는 말이었다. 이런 계몽 지식인들의 주장은 서구에서 전파된 사회진화론에 바탕을 둔 인종론적 위기감에서 나온 것이었다. 1898년 9월 29일자 《매일신문》 논설은 당대의 이런 위기감을 가감없이 보여준다.

지금 동양 형세도 급히 정신을 차려야 한다. 인민에게 거름을 주고 북돋아 주지 않으면 얼마 안 되어 동양 황인종은 다 없어지고 서양 백인종만 번성하여 온 세계가 백인종의 천지가 될 터이다. 이러한 생각을 우리 동양 사람들이 깊이 생각해야 하겠다.

이도영, 《대한민보》, 1909. 6. 19.
명분도 이유도 없이 왜 머리카락을 자르
느냐고? 이유야 있지. 단발령을 선포하
지 않았느냐. 너희 조선 백성들의 건강을
지켜주고, 대일본 제국의 신민처럼 문명
인으로 만들어주겠다고 하지 않았느냐.

황인종이 멸종하지 않기 위해 서구 사람처럼 변하는 것이 상책이었
다. 머리카락도 깎고 옷도 서구식 복장으로 바꿔 입어야만 했다. 이뿐
만 아니었다. 서구 사람같이 건강하고 장대한 몸을 만들기 위해 게으
름을 추방해야만 했다. 게으름은 곧 나태한 몸이자 부실한 신체를 의
미했다. 게으른 몸, 나태한 몸은 새벽종이 울렸는데도 여전히 꿈속에
서 허우적대는 몸이었다. 당시 신문에서 자주 사용된 '잠'과 '꿈'이라
는 말은 계몽되지 못한 정신과 몸을 아우르는 상징적 표현이었다. 그
래서인지 대한제국 계몽 지식인들은 잠과 꿈이라는 수사학을 통해 대
한제국 현실을 비판하는 노래를 만들어 불렀다. 1908년 1월 18일자

이도영, 《대한민보》, 1909. 6. 20.
그만 잠에서 깨어나라. 국가는 풍전등화
위기에 처했는데, 완고한 너희는 꿈속에
서 헤어나지 못하는구나. 완고배들아, 너
희가 계몽되어야 나라가 진보할 것 아니
더냐.

《대한매일신보》 시사평론의 일부를 보자.

경세목탁 손에 들고 대한 강산 다니면서 잠든 사람 꿈을 깨여 새 정신을
불러낸다.

침침칠야 이 천지에 이천만인 가련하다. 들보 위에 저 제비는 불붙는 줄
왜 모르나. 동해 풍랑 몇 날 전에 삼천리강토 둥둥 뜬다. 윤선 소리에 잠
깨어라.

청춘 시절 저 학도여, 국가 기초 여기 있다. 게른 마음 두지 말고 부지런히
공부할 때 살과 같이 가는 세월 일각인들 허송할까. 자명종 소리에 잠 깨

어라.

꿈을 꾸는 저 완고는 시대 변천 한恨치 마라. 부패사상 다 버리고 개명 목
적하여 보게. 오늘 가고 내일 오니 신사업이 바쁘도다. 인경 소리에 잠 깨
어라.

계몽 지식인들이 바란 새로운 몸, 근대화된 신체란 이런 것이었다.
매일 일정한 시간 운동하는 몸, 일주일에 서너 번 목욕하는 깨끗한
몸, 걸어다닐 때는 팔을 활개치는 씩씩한 몸, 성욕을 잘 다스리는 금
욕적인 몸, 아무데서나 노상방뇨하지 않는 질서의식 투철한 몸, 시간
을 돈으로 알고 철저하게 지키는 몸.

그러나 서구식 문명개화나 근대화는 선한 가치인 동시에 선하지 못
한 가치이기도 했다. 대한제국 사람들은 근대인으로 거듭나야 했고,
그러기 위해 근대적 규율 속에 자신의 몸을 감금해야 했다. 때론 인구
적 차원에서, 때론 위생 차원에서, 때론 인종적 차원에서, 때론 사랑
차원에서 대한제국 사람들의 몸은 국가 권력에 의해 감시당하고 길들
여져갔다.

9장

생계형 협력자

― '한일합방'을 꼭 이뤄주세요

'한일합방' 찬성은 누군가에게 반역행위,

다른 누군가에게 구국의 길이었을 테지만,

서창보에게는 '돈 주머니'였다.

을사오적 암살단

극단의 선택이었다. 을사조약이 체결되자 수많은 사람이 죽음으로 저항했다. 민영환이 자결했다. 그가 자결한 집터에서 핀 대나무는 세간의 화제가 되었다. 민영환의 피를 머금고 자랐다 해서 '혈죽'이라 불렸다. 민영환이 죽자 한때 그 집 노비였던 인력거꾼이 주인의 죽음을 애통하고 분하게 여기며 따라 죽었다. 을사조약 체결의 울분을 참지 못하고 여러 사람이 목숨을 끊자, 당연히 을사조약을 체결한 대신들은 민족의 반역자이자 일제의 협력자이자 '공공의 적'으로 지탄받았다.

이때 일본에서 을사조약이 체결되었다는 소식을 들은 나인영(나철)과 오기호는 통곡했다. 한시바삐 조선으로 귀국해야 했으나 여비가 없었다. 전 해주군수 정인국의 도움으로 나인영과 오기호는 조선으로 귀국할 수 있었다. 그 후 다시 일본으로 떠나 향후 대한제국 앞날이 어떻게 될지 살펴보았다. 절망감을 안고 귀국길에 오른 나인영과 오기호는 칼 두 자루를 몰래 구입해 조선으로 돌아왔다. 비밀 계획을 수립했다. 대한제국 앞날을 망칠 화근을 제거하는 일이었다. 흔히 '을사오적'이라 불리는 학부대신 이완용, 외부대신 박제순, 군부대신 이근

1905년 일본 제국이 을사조약을 강제 체결할 당시 찬성한 5인. 왼쪽부터 차례대로 이완용, 박제순, 이근택, 이지용, 권중현.

택, 내부대신 이지용, 농상공부대신 권중현을 암살하려는 계획을 세운 것이다.

1907년 3월, 나인영과 오기호는 자신과 뜻을 같이하는 동지들을 규합하고 을사오적 암살을 실행에 옮겼다. 몇 차례의 거사가 번번이 실패로 돌아갔다. 마침 을사오적 암살단 일원 서창보가 경찰에 잡혔다. 서창보의 임무는 '망'을 보는 일이었다. 경찰의 심문에 겁을 먹은 서창보는 거사의 모든 전말과 참여한 인물의 이름을 모조리 실토했다. 얼마 있지 않아 나인영과 오기호는 자수했고, 나머지 을사오적 암살단도 모조리 붙잡혀 들어갔다. 을사오적 암살단은 대부분 유배형을 받았고, 서창보 역시 유배형 10년에 처해졌다.

서창보, 생계형 협력자의 탄생

1여 년의 유배생활 동안 그는 변했다. 일진회의 논리에 감화되었다. 변절했다. 한때 을사오적 암살단 일원이었던 서창보는 갑자기 적극적

을사오적 암살단. 왼쪽부터 이기, 나인영, 홍필주, 오기호.

일제 협력자로 거듭난다. 황국협회 일원으로 만민공동회를 탄압하기까지 했었다. 그런 그가 1909년을 기점으로 '한일합방'의 전도사가 되어 서울의 저잣거리를 휘젓고 다녔다.

> 서창보라 하는 저 잡류는 천둥소리에 개 뛰어들 듯 일진회를 환영하며, 절패극악絶悖極惡한 글을 방자하게 제출하니, 돈 냄새에 환장하여 조국까지 모르느냐.
>
> 〈시사평론〉,《대한매일신보》, 1909. 12. 19.

누가 시킨 일은 아니었다. 등 떠밀어서 한 일도 아니었다. 서창보는 일진회의 '한일합방청원운동'을 열렬히 지지했다. 그 대가로 돈을 받왔다. 그의 생활비를 일진회에서 어느 정도 책임졌다. 그래서일까. 서창보는 일진회의 '한일합방청원운동'을 단순히 지지만 하지 않았다. 그는 적극적이었다. 일본 내각과 통감부에 직접 편지를 썼다. 꼭 '한일합방'을 이뤄달라고. 그러나 답장은 없었다. 서창보는 집요했다. 편지 쓰는 일을 멈추지 않았다. 일본의 가쓰라 타로桂太郎에게 '한일합방'을 청원하는 편지를 보내려다 경찰에 붙잡히기도 했다.

서창보는 왜 이리도 열심히 편지를 썼을까. 한때 그는 충청북도 음성군의 군수였다. 이때 공금횡령죄로 경찰에 붙잡힌 적이 있었다. 서창보는 늙은 어머니를 핑계로 용서해달라 애원했고, 보석으로 석방되었다. 서창보의 공금횡령은 단순한 실수였을까, 아니면 습관이었을까. 서창보는 '돈'이 필요했다. 누나에게 "국가의 죄인"이라며 담뱃대로 흠씬 얻어맞고도 정신 차리지 않았다. 누나는 다달이 동생에게 보내던 생활비를 끊었다. 밤이면 밤마다 서창보의 집에 돌멩이가 날아들었다. 서창보는 잠들 수 없었다. 대낮에도 저잣거리를 피해 다녔다. 한번은 소년 2명이 서창보를 찾아가 두들겨 팼다. 또 한번은 여러 사람이 서창보에게 집단구타를 가했다. 이유는 하나였다. "제발, 편지 좀 그만 써라!"

원동 잡류 서창보는 장서 쪽을 제출하더니, 담뱃대로 맞은 뒤에 돌팔매를 연해 맞고, 주먹다짐당하더니 착수령捉囚令을 또 만났네. 무슨 글을 잘 지어서 저런 화를 다 받는지. 식자우환 네로구나.

〈시사평론〉,《대한매일신보》, 1909. 12. 28.

서창보가 반역자이자 협력자이기 때문에 백성에게 응징당한 것만은 아니었다. 서창보는 동료에게도 두들겨 맞았다. 일진회장 이용구가 서창보에게 사업에 쓰라며 100환을 주었다. 서창보는 혼자 100환을 꿀꺽했다. 이에 동료 홍성관이 그를 죽기 직전까지 때렸다.

서창보의 생활비는 일명 '매 맞은 값'이었다. 매를 맞으면 맞을수록 돈이 더 나온다고 생각했을까. 그는 이학재와 함께 '국민동지찬성회'를 조직하고 부회장직을 맡았다. 집도 얻었다. 일본인 소유 셋집을 구한 것이다. 국민동지찬성회 활동비는 일진회에서 나왔다. 활동비 처리를 어떻게 했는지 몰라도 서창보는 월세를 내지 않았다. 일본인 집주인이 찾아와 왜 월세를 내지 않느냐 묻자, 서창보는 이렇게 대답했다 한다. "나는 당신 나라의 충신일 뿐만 아니라, 지금 합방을 위해 큰 사업을 실시하는 데 온 힘을 다하고 있다. 어찌 그런 사소한 금액을 갚지 않겠는가!" 사소한 금액이라 월세를 내지 않았을까. 서창보는 자신의 첩과 함께 야반도주하였다. 그리고 국민동지찬성회 사무실에 둥지를 틀었다.

서창보의 별명은 '박쥐'였다. 밤에만 돌아다녀 생긴 별명이었다. 대낮에 저잣거리를 돌아다니다 백성들로부터 너무나 많이 두들겨 맞아 야행을 일삼은 것이다. 사람들은 서창보를 박쥐, 아귀, 괴수라고 비난했다. 하지만 그는 '한일합방' 그날까지 한길로 나가겠다는 뜻을 굽히지 않았다. 자신의 행동을 예수의 수난이라 생각했는지 모른다. '한일합방' 찬성은 누군가에게 반역행위, 다른 누군가에게 구국의 길이었을 테지만, 서창보에게는 '돈 주머니'였다. 그는 국민동지찬성회 부회장이라는 직함을 이용해 돈을 갈취했다. 훗날 '한일합방'이 된다면 국민동지찬성회원은 분명 한자리씩 차지할 터이니, 돈을 모아 '한일합방' 찬성 뜻을 보여야 한다며 회원들로부터 돈을 받아 꿀꺽한 것이다. 서창보가 지나가는 곳마다 돈 구린내가 진동했다.

이럴 수도 저럴 수도 없는

서창보는 문제적 인물이었다. 일본 제국주의에 저항한 대한제국 인민에게 그는 반드시 척살해야 할 민족 반역자였다. 그렇다고 서창보가 이완용처럼 정계 거물은 아니었다. 그렇기에 서창보는 경찰의 보호를 받을 수 없어 사람들로부터 두들겨 맞았다. 하지만 경찰은 서창보를 죽이겠다는 격문이 붙자 긴장하지 않을 수 없었다.

> 서창보야. 너는 소위 양반의 후예로 국은을 많이 입어서 벼슬이 종2품 칙임관에 이르렀으니, 네 분수에 족족하거늘 무엇이 부족하기에 만고역적 송병준 이용구를 찬조하여 동지찬성회라 명칭하고 합방 문제에 대하여 찬성하는 장서를 세 번이나 통감부에 제정하였느뇨. 대한 신민으로 대한 토지와 대한 동포의 고기를 팔아먹은지라. 이러한 악인종 이용구 서창보 등을 우리 검계단에서 행형정법行刑正法하겠기로 먼저 방문을 붙이는 것이니 우리 동포들은 다 알지어다.
>
> 〈검계단 방문〉, 《대한매일신보》, 1910. 6. 24.

일본 헌병대는 검계단劍契團 수사에 들어갔다. 일차적으로 검계단이 일진회장 이용구와 국민동지찬성회 부회장 서창보를 엄벌하겠다는

일진회장 이용구.

이용구의 집에서 기념촬영한 일진회 자위단 원호대 일동, 1908년 12월.

내용 때문이었다. 그러나 본질적 사안은 검계단이라는 '불온단체' 존재 자체였을 터이다. 검계단 검거를 위해 경찰과 헌병대의 수사가 진행되면서 몇 사람이 잡혀갔으나, 모두 증거불충분으로 석방되었다. 검계단은 '한일합방'을 반대하는 비밀조직으로 소문만 무성할 뿐, 그 실체는 구체적으로 밝혀지지 않았기에 일본 헌병대가 민감하게 반응한 것이다.

서창보는 진심을 다해 열심히 '한일합방' 정당성을 알렸다. 일진회 입장에서는 고마운 일이었고, 통감부 입장에서도 처음에는 갸륵한 일이었다. 자발적 협력 아니었던가. 그러나 곤혹스러운 점도 있었다. 일본 제국주의 입장에서 '한일합방' 문제는 고도의 정치적 전략 산물이었다. 쓸데없이 민심을 자극해서는 안 되었다. 하지만 서창보를 중심으로 한 국민동지찬성회는 너무 나댔다. 오히려 '한일합방'에 관한 대한제국 인민의 반감을 부추길 수 있었다. 그래서 경찰은 국민동지찬성회를 통제했다. 서창보와 국민동지찬성회가 쓴 청원서를 검열하고, 때로는 청원 불가 판정을 내렸다. 삼킬 수도 뱉을 수도 없는 존재가 바로 서창보였다. 그와 같은 길을 걷겠다는 '서창보의 후예'가 조금씩 등장하고 있었으니 더욱더 그랬을 터이다.

서창보는 언제나 권력의 그늘에 있었다. 굵직한 사건의 관계자였지만 중심인물은 아니었다. 단지 권력과 돈 냄새를 잘 맡는 능력을 갖추긴 했었다. 서창보와 같은 '생계형 협력자' 혹은 '주변부적 협력자'의 존재야말로 제국주의 식민지 정책이 일상 깊숙이 뿌리내리기 위한 자양분이었다. 식민지 조선에서 '마름'이 그랬던 것처럼 말이다. 마름은 주인에게 충성을 다하지만, 그렇다고 주인이 되지는 못한다. 주인이

되려는 과욕이 오히려 마름의 명줄을 끊어놓기도 한다. 그러나 마름
은 그것을 알지 못한다.

일제 협력 단체 하나쯤 만들어야

일제 협력 단체가 우후죽순 생겨났다. 돈 냄새를 맡은 그들은 여기저기 기웃거렸다. 선거철이 도래한 것 같았다. 일진회, 국민연설회, 국민동지찬성회, 국시유세단, 국민의무찬성회, 국민협성회, 정합방찬성회 등등 수많은 일제 협력 단체가 극성을 부렸다. 이 중 가장 막강한 힘을 자랑한 단체는 이용구의 일진회와 이완용의 국민연설회였다. 국민연설회는 일진회와 대결하기 위해 만들어진 단체였다.

> 재작일 오정에 원각사에서 국민대연설회를 하고 각 원로와 모인 사람 4천여 명이 출석하였다. 일진회의 합방 문제에 대하여 그 흉역부도(凶逆不道)한 죄악을 무수히 꾸짖으니 박수갈채 소리가 천지를 진동하였다. 지금부터 일진회는 국민이 아닌 줄로 인정하자 하니 만장 회원 전부가 가결하였다. 지금까지도 국민회 사무소를 원각사 안에 정하고 이 문제가 해결되기까지는 계속하여 사무를 처리하기로 한다더라.
>
> 〈국민회의 소식〉, 《대한매일신보》, 1909. 12. 7.

국민연설회원들이 일진회를 집중적으로 공격하고 있으니, 혹자들은 국민연설회가 애국단체인 줄 오해할 수 있다. 하지만 국민연설회

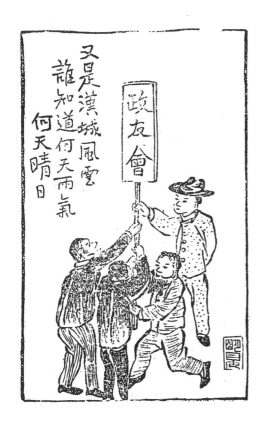

又是漢城風雲
誰知道何天雨氣
何天晴日

政友會

이도영, 《대한민보》, 1910. 3. 30.
한성에 또 다시 풍운이 감돈다.
이번에는 또 무슨 단체가 설립
될꼬. 그들은 또 얼마나 대한제
국 사람들을 이간질하며 일본
제국에 협력할꼬. 돈만 준다면
무슨 단체를 못 만들꼬.

가 일진회를 공격한 데에는 이유가 있었다. 일진회가 소위 '합방청원
서'를 통감부에 제출하자 선수를 뺏겼다고 느낀 이완용이 이인직을
앞세워 조직한 단체가 바로 국민연설회였다. 일제 협력 서열 제1위를
빼앗길까 하는 두려움의 발로가 바로 국민연설회 설립으로 귀결된 것
이다. 일진회와 국민연설회 간 경쟁은 치열했다. 누가 더 열심히 일제
에 협력할 것인가에 온갖 열정을 쏟아 부었다.

　그러나 정작 조선통감부는 시큰둥했다. 일진회, 국민연설회 등의

활동을 오히려 달갑게 여기지 않았다. 이들의 노골적 일제 협력행위 때문에 대한제국 여론이 도리어 악화된다고 생각한 통감부는 이 단체들과 적정한 거리두기를 시작했다. 이런 통감부의 생각을 아는지 모르는지 일진회를 추종하는 단체까지 생겨났다. 일명 '협성진보회'였다. 《대한매일신보》는 이 단체가 출현하자, "마귀 또 발동한다"며 비판의 날을 세웠다.

한편 이완용의 지시로 1910년 3월 정우회가 조직되었다. 정우회는 1908년 일본 제1당이 된 정우회와 이름이 같았다. 대한제국 정우회는 김종한, 민원식 등을 중심으로 구성된 일제 협력 단체였다. 조중응, 박제순, 민병석이 각각 200환씩을 갹출하여 정우회 경비에 보탰다. 정우회 설립 목적은 다음과 같았다. 첫째, 황실을 존귀하고 영예롭게 모신다. 둘째, 정치를 참되고 실속 있게 하기 위해 힘쓴다. 셋째, 교육을 진흥시킨다. 넷째, 산업을 발달시킨다. 다섯째, 사회를 개량한다. 여섯째, 가난을 구제한다. 일곱째, 한국과 일본의 친선을 도모한다.

정우회 설립의 주도적 인물 민원식은 정우회에만 관여한 게 아니라 《시사신문》의 사장이기도 했다. 정우회보다 앞서 창간한 《시사신문》은 훗날 정우회의 기관지로 활약했다. 또한 신문사 다수의 직원이 정우회에 가입하였다.

《시사신문》은 대놓고 일본 제국을 찬양한 신문이었다. 일본 병사들의 방화와 약탈을 도적 소행이라 보도하는 등 일제의 침략행위를 방어하는 어용 신문이었다. 특히 조선인의 일본 관광단 조직에 적극 협력하였다. 관광단 모집 광고를 신문 전면에 실었으며, 조선인의 일본

이도영, 《대한민보》, 1909. 9. 1.
"유세가 유성留聲인가, 유성이 유세인가. 듣는 사람은 어째서 코를 막고 물러나는가." 이완용의 국시유세단이여, 너희가 떠들 때마다 구린내가 난다. 구린내가.

관광이 실업 시찰이라고 선전했다. 1910년 4월 3일자 《대한매일신보》에는 《시사신문》의 행태를 비판하는 계몽 가사가 실렸다.

시사신문 말 듣거라. 당당 대한 국민 되여 조국 정신 있을진대 설혹 우매
인민들이 외국인을 숭배해도 경계하여 말할 터인데 일본 관광 아니하면
불가타고 주장하니 소위 신문 기자로서 외국 숭배 일을 삼아 사귀 노릇 한
단 말인가. (중략)
시사신문 말 듣거라. 제 똥 냄새 제 모르고 남의 말만 잘하지만 제 음모를
감추려고 각 보관報館을 대하여서 악을 쓰고 지저귀니 컹컹 짖난 네 아구리

불노 버썩 지져내어 못 짖도록 하겠지만 회개하라 권고하니 사귀 노릇 하지 마라.

애국계몽단체가 일제 협력 단체를 아무리 비판하고 조롱해도 그들은 자신의 행동을 멈추지 않았다. 일제 협력 단체에게 대한제국은 이미 스러져가는 나라에 불과했다. 그들에게 중요한 것은 새로운 제국의 적자가 되겠다는 일념뿐이었다.

10장

사진

—렌즈는 어린이의 눈알이다

조선 사람들에게 사진기는

난생 처음 보는 기이한 물건이었다.

자신의 모습과 똑같은 '그림'을

만들어내는 조그만 상자가

마치 요술 상자 같았으리라.

아이들의 눈알을 뽑다

도무지 믿을 수 없는 일이었다. 잔혹한 일이자 잔인무도한 범죄였다.
민심은 흉흉했다.

> 서울에 '양인洋人이 어린아이를 삶아먹는다'는 유언비어가 돌아 민가에서
> 는 아이들을 간수하여 밖에 나가 놀지 못하게 하였다. 길거리에 자기 아들
> 을 업고 가는 자가 있었는데 어떤 사람이 그를 가리키며, "아이를 훔쳐 팔
> 러 간다" 하니, 모두들 그를 치고 밟아 그 사람은 미처 해명도 못하고 죽었
> 다. 양인들이 그 말을 듣고 힐책하자, 왕은 오부五部에 방을 걸어 진정시키
> 도록 하니, 얼마 있다 조금 잠잠해졌다.
>
> 황현, 임형택 외 역, 《역주 매천야록》 상, 문학과지성사, 2005, 272쪽.

외국인이 조선 어린아이를 잡아먹는다는 소문이 나돈 것은 1888년
6월 무렵이었다. 왜 이러한 소문이 저잣거리에 떠돌게 되었을까. 왕
은 어떤 방을 걸어 민심을 안정시켰을까. 1888년 미국의 서울 주재 총
영사이자 공사관의 서기관이었던 샤이에 롱Chaillé-Long은 당시 고종이
발표한 담화문의 내용을 이렇게 기록한다.

최근, 외국인들이 우리의 자녀들을 돈으로 사다가 끓여서, 결국 먹어버리고 있다는 괴소문이 횡행하고 있다. 실제로 거리 여기저기서 아이들을 훔치는 도둑들이 속속 붙잡히고 있다. 만약 외국인이 우리의 아이들을 잡아먹고 있다는 게 사실이라면 우리는 더 이상 분노를 참지 못할 것이나, 현재로선 아직 그것이 사실인지 단언할 수는 없는 실정이다. 반면 그 모든 것이 사실로 판명될 경우, 외무부 차원의 적절한 조처가 즉각 따를 것임을 밝혀둔다. 따라서 여러분 중 누구라도 외국인이 아이를 데리고 가는 것을 보게 되면 그를 끝까지 추적해서 누가 그런 짓을 하는지 확인한 후 반드시 관아에 고발할 것을 당부하는 바이다. 그러면 우리는 해당 국가의 대표부와 연결을 취해, 그 장본인이 죄인임이 밝혀지는 즉시 어느 나라 사람인지를 막론하고 가혹한 처벌을 가할 것임을 단언한다. 다만 여러분은 현재의 소동에 부화뇌동하지는 말되, 죄인 색출을 위해 항상 긴장을 늦추지 말기를 바라는 바이다.

샤를 바라·샤이에 롱, 성귀수 역,《조선기행》, 눈빛, 2001, 267쪽.

왕은 백성들을 타일렀다. 말도 되지 않는 소문에 부화뇌동하지 말라고. 저잣거리에 떠도는 '아동 식인' 소문의 진원지는 어디였을까. 샤이에 롱은 '대원군'과 그의 추종자들을 지목했다. 권력을 빼앗긴 대원군과 그의 추종자들이 서구에 우호적인 왕과 왕비를 흔들기 위해 꾸민 짓이라 생각했다. 그런데 외국인이 아이를 잡아먹는 이유, 혹은 잡아가는 이유는 과연 무엇이었을까. 괴소문의 발단은 '사진기'였다.

대원군과 그의 추종자들은 서구 발명품인 사진기와 암실暗室에 눈길을 돌렸다. 그러고는 이런 소문을 만들었다. 조선에 온 외국 선교사

달메이어 렌즈 광고, 1908년. 사진기의 원리를 이해하지 못했던 대한제국 사람들은 렌즈를 어린아이의 눈알이라 생각했다.

들이 첩자를 고용해 어린아이를 납치하고 삶아먹는다. 그리고 그 아이의 눈알을 뽑아 암실로 가져간다. 외국인들은 아이의 눈알을 생생한 영상을 재현하는 도구로 사용한다······. 대원군과 그의 추종자들이 진짜 이런 소문을 만들어 저잣거리에 유포했는지는 정확하게 알 수 없다.

그러나 아동 식인 소동의 스토리텔링에 사진과 암실이 동원되었다는 점은 흥미롭다. 조선 사람들에게 사진기는 난생 처음 보는 기이한 물건이었다. 자신의 모습과 똑같은 '그림'을 만들어내는 조그만 상자가 마치 요술 상자 같았으리라. 사진의 원리를 모르는 이들에게 사진

사는 요술가이자 분신술사였을 것이다. 또 다른 나를 만들어내는 암실은 조선 사람들에게 경험하지 못한 상상의 공간이자 미지의 공간이었다. 그러니 암실에 대한 온갖 허황된 상상이 난무할 수밖에 없지 않았을까. 이렇게 조선 사람들과 사진의 첫 만남은 새로운 것에 대한 떨림이 아니라 두려움과 공포로부터 시작되었다.

왕의 사진은 판촉용 사은품

이제 도화서의 화공들이 퇴출될 판이었다. 사진이 없던 시대, 도화서 화공들의 손끝을 거쳐 구체적인 풍경이 재현되었다. 그런데 화공의 손과 눈보다 더 뛰어난 눈을 지닌 카메라가 등장했으니 그들의 퇴출은 어쩌면 당연한 일이었다. 언제나 새로운 서구 문물에 깊은 관심을 보이고, 그 누구보다 앞서 사용해본 고종 역시 사진의 매력에 푹 빠졌다.

> 왕은 내가 빅토리아 여왕을 위해서 그의 사진을 찍을 수 있도록 허락해주었다. (중략) 사진을 찍을 때 그는 세자를 잘 보이게 하려고 세자가 서 있을 자리에 세심한 신경을 썼으나 결과는 그다지 만족스럽지 못했다. 사진을 찍은 후에 그는 호기심 어린 눈빛으로 사진기의 특이한 부품들을 살펴보았는데 그때 왕은 매우 즐거워 보였다.
>
> 이사벨라 버드 비숍, 이인화 역, 《한국과 그 이웃나라들》,
> 살림, 1994, 489~490쪽.

고종은 사진 찍는 것을 즐겼다고 한다. 그뿐만 아니라 자신의 사진

미국인 외교관 로웰Percival Lowell이 촬영한 고종, 1884년.

을 대신들에게 나눠주는 일도 있었다고 한다. 영국 빅토리아 여왕을 위해 고종이 사진을 찍었듯이, 독일 헨리 친왕이 조선을 방문했을 때 자신의 사진을 고종에게 보냈다. 사진 교환이 외교 에티켓의 한 방편이었던 셈이다.

왕의 사진은 일반인의 사진과 달랐다. 왕의 사진은 어진御眞, 어진영御眞影, 어사진이라 높여 불렀고, 그 자체로 성스러움과 신성성의 표상이었다. 그랬기에 왕의 사진은 학교에 보급되어 애국심 고양의 수단으로 이용되었다. 왕의 초상화가 아닌 사진으로 찍은 어진 혹은 어사진의 보급은 곧 문명화의 상징이기도 했다.

애국하는 것은 학문상에 큰 조목이다. 그런 까닭에 외국에서는 각 공립학교에서 매일 아침에 학생들이 국기 앞에 모여 서서 국기를 향해 경례를 하고 그 나라 임금의 사진을 향하여 경례를 하며 만세를 날마다 부르게 하는 것이 학교 규칙의 제일 중요한 조목이다.

〈논설〉,《독립신문》, 1896. 9. 22.

왕의 신체는 국가를 상징하는 신체였다. 그 신체에 존경을 표하는 것을 애국으로 생각한 시대가 분명 존재했다. 일평생 왕의 얼굴을 직접 볼 수 있던 백성은 몇이나 되었을까. 지엄한 왕을 보기란 그리 쉽지 않았다. 그런데 왕의 사진이 일반에 보급되었다. 그야말로 왕의 신성성이 백성들의 눈앞에 생생하게 펼쳐진 것이다. 물론 그 신성성은 가끔씩 일종의 포토샵을 통해 만들어졌다. 고종은 사진의 위력을 잘 알고 있었던 듯하다. 그렇지 않고서야 자신의 사진을 상업적으로 유통하는 데 찬성할 리 없지 않은가. 자신의 사진이 일종의 경품 또는 사은품으로 사용될 터인데도 말이다.

《그리스도신문》은 대군주폐하 탄일에 특별히 호외를 낼 터이다. 이 신문을 사보는 이들 중 1년 치를 미리 계산한 사람들에게는 대군주폐하의 석판 사진 한 장씩을 특별히 정표로 줄 터이다. 이 사진은 대군주폐하의 처분을 물어 일본 가서 석판으로 조성하였는데 사진이 매우 잘 되었다. 입으신 것은 용포요 쓰신 것은 면류관이다. 만일 이 신문값 1년 치를 미리 내지 않은 사람들은 이 사진을 그리스도신문사에 가서 얻을 터인데, 매 장에 50전씩이라더라.

〈잡보〉,《독립신문》, 1897. 8. 21.

화가의 손으로 그린 왕의 초상화는 대량 생산이 불가능하지만, 사진은 인쇄기술 덕택에 대량 생산이 가능했다. 고종은 더 많은 백성에게 자신의 위엄과 권위를 표출하고 싶었고, 사진은 그의 마음에 딱 들어맞는 발명품이었다.

물론 모든 이에게 왕의 신성성이 전달된 것은 아니다. 1909년의 일이었다. 지엄한 왕을 사진으로 처음 본 '무지한 백성들' 중에는 왕의 어진을 불태워버린 경우도 있었다. 왕이 싫어서, 권력에 대한 적개심 때문이 아니었다. 생전 한 번도 왕의 실물을 본 적 없던 이들에게 왕의 모습은 나름의 상상 속 이미지로 남아 있는 법이다. 긱 학교에 보급된 사진 속 왕은 곤룡포 대신 서구식 예복을 입었다. '무지한 백성들'은 외국 복장을 입은 사람이 자신이 떠받들던 왕이라 생각하지 못한 것이다.

사진엽서, 안중근과 이재명

각종 행사 때마다 사진을 찍었다. 대신들은 회의를 한 후에도 기념사진을 찍었다. 왕은 자신이 직접 농사하는 모습을 사진으로 담아 사진첩을 만들었다. 백성들도 예전과 달리 사진을 좋아하고, 찍는 것을 즐겼다. 생일에도, 학교에 입학할 때도, 졸업할 때도 사진을 찍었다. 우등생에게는 사진첩을 선물로 주기도 했다. 결혼식 때도 사진을 찍어 신랑과 신부가 각자의 사진을 나눠가졌다. 돌 사진도 찍었다. 사진 찍기는 그야말로 개화된 풍속이자 문명화된 풍속이 되었다.

1898년 무렵 일본인들이 사진관을 차렸다. 진고개에 있는 옥천당玉

1910년대 천연당 사진관 전경. 일본 도쿄에서 사진 기술을 배워온 김규진이 세웠다. 함께 운영한 상업미술관 고금서화관의 간판도 보인다.

川堂이었다. 같은 해 한국인 김규진이 사진관을 열었다. 천연당天然堂이었다. 천연당은 "만세불변색 사진"을 찍는다고 자랑했다. 값은 소본 50전, 중본 1환, 대본 4환이었다. 개업 당시에는 여성 전문 사진관으로 출발했다. 1908년 천연당은 확장 이전을 했는데, 한 달 만에 약 1,000여 명의 사람들이 사진을 찍었다. 천연당은 조선 풍속을 잘 알았다. 내외구별법을 적용했다. 남자의 사진은 남자가, 여자의 사진은 여자가 찍었다. 그러나 경영은 어려웠다. 대한제국의 유일한 한국인 경영 사진관 천연당은 한국인들이 외상값을 갚지 않아 힘들어했다. 오죽하면 신문에서 제발 천연당에 진 외상값 좀 갚으라고 기사를 낼 정

안의ᄉ즁근공
大韓義士安重根公

하르빈뎡거쟝에셔아라스되신과이등박문이셔로맛나는모양
哈爾賓停車場日本伊藤博文狙[...]

"하얼빈 정거장에서 러시아 대신과 이토 히로부미가 서로 만나는 모양"이라는 제목의 안중근 의사 사진엽서. 가운데 모자를 벗고 있는 사람이 이토 히로부미이다.

도였을까.

사진과 함께 사진엽서가 등장했다. 옥천당에서는 외국 여러 나라의 풍경을 담은 사진엽서를 판매했다. 일본 관광단으로 갔던 조선인들의 사진을 엽서로 만들어 파는 일도 있었다. 사진엽서는 활동사진이 그랬던 것처럼 가보지 못한 세계에 대한 간접경험의 도구로 활용되었다. 또는 기차, 박람회 풍경 등 근대 문명의 상징물과 공간이 사진엽서로 만들어져 교육용 시각자료로 활용되는 일도 있었다.

안중근 의사가 이토 히로부미를 사살하자 그의 사진이 인기를 끌었다. 그런데 이상하게도 선수를 친 것은 일본인이었다. 일본인이 안중근 의사의 사진엽서를 판매하기 시작했다. 곧 한국인도 '충신 안중근'

이라 쓴 사진엽서를 만들어 팔았다. 불티나게 팔렸다. 경찰은 이를 두고 볼 수 없었다. 그래서 '치안방해'라는 죄목을 붙여 안중근 의사의 사진엽서를 모두 압수했다.

이완용을 칼로 찌른 이재명과 연루자들도 사진을 찍었다. 이재명과 연루자들은 자신의 이름이 적힌 사진을 찍었다. 신문에 왜 이재명의 사진을 찍었느냐는 반문이 실렸다. 사진을 문명개화의 산물이자, 영웅호걸의 늠름함을 생생하게 표현한 그림이자, 성스러운 국왕의 어진이자, 신기한 볼거리로 생각한 대한제국 사람들에게 이재명의 '범죄인 사진' 촬영은 익숙한 풍경이 아니었던 듯싶다. 1910년 2월 22일에 찍은 이재명의 범죄인 사진은 그해 9월 30일 사형 집행되기 전 촬영한 그의 마지막 사진이 되었다.

시사
만평
10

황제가 순행하는 길에
태극기 휘날리고

1907년 순종은 황제가 되었다. 그가 원해서 된 바는 아니었다. 이완용 내각은 고종황제를 강제 퇴위시켰다. 이 쿠데타의 일등 공신은 이병무였다. 1909년 9월 2일자 시사만평에는 훈도시만 입고 칼을 찬 인물이 등장한다. 옆에는 "利劒柄武士儀, 벌거벗고 환도 찼군"이라는 글씨가 씌어 있다. 한자 중 利(이), 柄(병), 武(무)가 다른 글자보다 좀 더 굵은 서체로 강조되었는데, 이는 1907년 이완용 내각 당시 군부대신서리 시종무관장을 지낸 이병무를 가리킨다. 이병무는 아둔하고 무식한 놈으로 소문이 자자했으나 충성심 하나는 깊었던 듯하다. 바로 자신을 관리로 등용시킨 이완용에 대한 충성심이었다. 이도영은 시사만평에서 이병무라는 이름을 가지고 언어유희를 했다. 또한 같은 방식으로 박중양, 신응희, 민영휘, 고영희 등 당시 일본 제국 협력자들의 행태를 비판했다.

　정교의 《대한계년사》에 따르면, 1907년 7월 18일 밤 이완용을 비롯한 친일 협력자들이 궁내부대신 박영효를 경무청에 가두고, 궁궐에 난입했다. 이완용과 송병준은 황태자 순종에게 황제 자리를 양위하라고 고종황제를 협박했다. 고종황제는 아랑곳하지 않았다. 그러자 해결사 이병무가 등장했다. 이병무는 칼을 빼들고 고종황제를 위협했

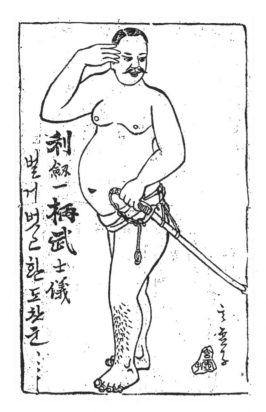

이도영, 《대한민보》, 1909. 9. 2.
허리에 찬 저 칼은 누구를 향한
것일까. 놀랍게도 이 무시무시
한 칼은 한때 고종황제를 겨냥
했다. 삽화의 주인공은 이병무
이다.

다. 어전에서 칼을 빼들었다는 사실 자체만으로 능지처참당할 일이었
지만 고종황제는 힘이 없었다. 이병무의 무도한 칼날 앞에 양위를 마
지못해 허락했다. 그리하여 고종황제가 태황제太皇帝, 순종이 황제가
되었다.

순종이 황제로 등극하자 일본 제국은 대한제국 군대를 해산했다.
대한제국 군대의 수장 군부대신 이병무는 어찌되었을지. 그는 허울뿐
인 군부대신 자리를 보전했다. 2년 후 1909년 7월 순종황제는 군부와

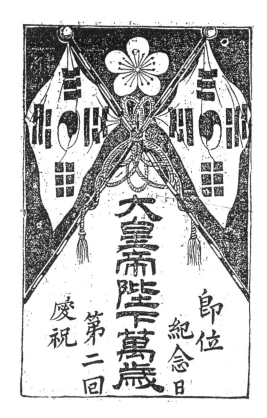

이도영, 《대한민보》, 1909. 8. 27.
순종황제폐하의 즉위 2주년을
경하드리옵나이다. 대황제폐하
만세, 만세, 만만세!

무관학교를 폐지하기에 이른다. 남은 병력은 궁중에 친위부를 설치하여 그곳으로 이속시켰다. 이병무는 친위부 장관으로 임명되었다.

친위부는 순종황제를 최측근에서 보호하는 군대이다. 이곳 수장으로 이병무를 발탁한 것은 순종황제의 진심이었을까. 한때 아버지를 겨눈 저 칼이 언젠가 자신의 목을 향하리라는 불안감은 없었을까. 아니면 적이기에 가장 가까운 곳에 두고 일거수일투족을 지켜보려는 담대한 전략이었을까.

1909년 1월 중순이었다. 일부 부산 사람들이 흥분을 감추지 못했다. 순종황제가 일본 군함에 탔기 때문이다. 그들은 순종황제가 일본에 납치당했다고 믿었다. "죽기로서 항거하자 하고 4천여 명이 결사대를" 꾸렸다. 1909년 1월 17일자 《대한매일신보》 보도였다. 정말 일본이 순종황제를 납치한 것이었을까. 아니었다. 순종황제의 순행을 축하한다는 명목으로 일본 황제가 보낸 군함에 승선한 것이었다.

이토 히로부미와 이완용은 고종황제 강제 퇴위, 순종황제 즉위, 항일 의병운동, 제2차 단발령 등으로 격앙된 반일 감정을 달래기 위한 정치적 전략을 수립했다. 바로 순종황제 순행이었다. 황제가 전국을 누비며 백성들 앞에 선 경우는 조선 역사상 전대미문의 사건이었다. 순종황제가 일본에 납치됐다는 오해를 불러일으킬 만했던 것이다. 이토 히로부미는 1868년부터 20년간 여섯 차례에 걸쳐 실행된 메이지 천황의 순행을 전범으로 삼았다. 메이지 천황은 일본 전 지역 순행을 통해 흩어진 민심을 수습하고, 천황 중심의 국민 통합 계기를 만들어 갔다. 이토 히로부미는 순종황제 순행을 통해 대한제국 인민의 충군의식을 정치적으로 이용하려 한 것이다.

순종황제는 단발하고 서구식 예복을 차려 입은 후 1909년 1월 7일부터 1월 13일까지 대구, 부산, 마산 등지의 남도를, 1월 27일부터 2월 3일까지 평양, 신의주, 정주, 황주, 개성 등지의 서도를 순행했다. 통감부 입장에서는 제2차 단발령으로 동요한 민심 수습책의 일환이었다. 단발한 순종황제를 만백성이 보도록 하는 이벤트였다. 결과적으로 충군의식이 강한 백성들도 제2차 단발령을 더 이상 거부하지 않았다. 모든 인민까지는 아니더라도, 순행 이후 단발한 대한제국 인민의

1909년 서도 순행 중 개성 만월대를 찾은 순종황제.

숫자는 확실히 늘어났다.

　통감부는 순종황제의 국왕이라는 상징성과 권위를 이용하여 반일 감정을 달래려 했으나, 결과는 다르게 나타났다. 남도 순행 때는 순종황제 납치라는 오해로, 서도 순행 때는 송병준 사건과 국기 사건으로 반일 감정이 증폭된 것이다.

　순종황제의 순행 계획에서 배제된 내부대신 송병준은 가뜩이나 심기가 불편했다. 이토 히로부미와 이완용은 송병준과 그의 친위대 격인 일진회를 견제했고, 송병준 몰래 순종황제 순행을 진행했다. 순종황제가 서도 순행을 할 때 송병준은 술에 취해 시종무관 어담과 한바탕 시비가 붙어 칼을 빼들었다. 이 사건은 사람들의 입을 통해 세상에

이도영, 《대한민보》, 1910. 3. 25.
나라는 망해가는데 저토록 높
이 든 축배가 다 무엇이란 말인
가. 하지만 해야 할 도리는 지
켜야겠지. 저희 대한민보사는
순종황제의 탄신일을 경하드리
옵나이다. 만수무강하소서. 국
권을 회복하소서.

알려졌고, 신문에서도 크게 다뤄졌다. 송병준이 황제 근처에서 칼을
빼든 일은 '불경죄'였다. 여론은 송병준을 처단하라 들끓었고, 잠자던
인민의 충군애국정신에 불을 지폈다. 결국 송병준은 내부대신에서 물
러나 일본으로 피신하고 말았다.

한편 순종황제의 순행을 봉영奉迎하려 서도 지역 민간단체와 각 학
교 그리고 일본인 단체들이 준비하고 있었다. 일제에 협력한 공권력
은 순종황제 봉영 때 일본 국기와 대한제국 국기를 함께 게양하고, 환

영하는 인민은 양손에 두 국기를 함께 들도록 명령했다. 하지만 대한제국 인민은 이를 거부해 태극기만 들고 황제폐하 만세를 외쳤다. 대성학교장 안창호는 학생들에게 일본 국기를 들지 않게 했다는 이유로 경찰서에서 심문받았다. 통감부는 반일 감정을 완화하고 일본의 위대함을 자랑하고 싶었으나, 오히려 순종황제와 대한제국을 향한 인민의 애국심만 고취하는 결과를 초래했다.

순종황제는 곧 대한제국을 상징했고, 태극기는 곧 순종황제의 대한제국을 상징했다. 대한제국의 상징은 순종황제 어진과 태극기였다. 대한제국 인민은 순종황제 어진과 태극기를 보며 대한제국이라는 국가를 상상해나갔다. 더 이상 구중궁궐 높은 담장 속 백성들과 멀리 떨어진 군주가 아니라, 일상 속 언제나 함께하는 군주이자 국가의 상징이 된 것이다. 엘리자베스 여왕, 메이지 천황 그리고 순종황제까지, 세상이 근대로 재편된다고 해서 군왕의 상징이 하루아침에 사라지는 것은 아니었다.

개 규칙

―민보국 행차시다 길을 비켜라

흰둥이든, 누렁이든, 검둥이든, 바둑이든,

그도 아니면 똥개든 모든 개의 목에는

개목걸이를 채웠다.

개목걸이를 차지 않고 거리를 활보하는 개는

법률상 살상해도 무관했다.

개 소탕 작전 사령관 박중양

난데없는 개 소탕 작전이 개시되었다. 1907년 10월이었으니, 복날과
는 아무 관계가 없었다. 사건의 발단은 대구였다. 대구에 사는 일본인
이 개에게 물렸다. 광견병에 걸린 개로 추정할 뿐, 왜 사람을 물었는
지는 정확히 알 수 없었다. 조선인도 아닌 일본인이 조선 개에게 물렸
기에 그 파장은 일파만파로 확산되었다. 대구에서만 그런 것이 아니
었다. 진고개, 곧 지금의 충무로에서도 개가 사람을 물었다. 하필이면
어린아이였고, 그 부모는 일본인이었으며, 그 개는 조선인이 기르는
개였다.

　서울이나 대구나 개가 사람을 문 것은 같았지만, 유독 대구에서 발
빠르게 개 소탕 작전이 펼쳐졌다. 대구 경시청에서 개백정들을 불러
모았다. 개를 잡아 죽이기 위해서였다. 단 조건이 있었다. 15일 이내
에 떠돌아다니는 개를 모두 잡아들이라는 것이었다. 그렇지 않으면
징역 15년을 언도하겠다고 으름장을 놓았다. 어처구니없는 일이었다.
징역을 피하고 싶은 개백정들은 온 힘을 다해 개를 잡아들였다. 대구
시내는 밤낮으로 개 잡는 소리로 들썩거렸다. 일본인의 안위를 위해
죄 없는 개들이 살처분당했다.

기산 김준근, 〈도한屠漢〉(백정) 도판 부분 확대, 연대 미상.

1908년 10월에도 대구에서는 개 비명 소리가 잘 날 없었다. 대대적 개 소탕 작전을 펼친 결과 194마리의 개가 비명횡사했다. 사람들은 개의 씨가 마를 것이라 개탄했고, 개 값이 정말 '개 값'으로 떨어져 내 다팔 수도 없었다. 경북 관찰사에 대한 원성이 자자했다. 얼마나 극심 했으면, 그에 대한 노래까지 등장할 정도였다. 몇 소절 들어보자.

저녁을 먹고 흥, 썩 나서니 흥, 일박 중양 저문 날에 재봉추가 웬일인가, 애구 대구 흥.

중양가절 말 말아라. 전무후무 비기수단 대구성곽 옛 공해를 일시간에 팔 아먹네, 애구 대구 흥.

중양가절 말 말아라. 대구읍내 모든 개를 일조간에 박살하니 살부지수 맺

혔던가, 애구 대구 흥.

중양가절 말 말아라, 떠나갔네 떠나갔네 협성학교 떠나갔네 일도 청년 어
이할꼬, 애구 대구 흥.

<중양타령重陽打令 대구동요>,《대한매일신보》, 1909. 1. 16.

개 소탕 작전의 총사령관은 박중양이었다. 중양타령은 곧 '박중양
타령'인 셈이다. 그가 누구던가. 입신출세의 달인이자 이토 히로부미
의 양자가 아니었던가. 오죽 유명하면《대한매일신보》의 1면 논설을
장식했을까.《대한매일신보》가 엄청난 지면을 할애한 박중양 인물평
을 한번 살펴보자.

저 박중양은 구정부와 신정부의 매와 사냥개가 되어 여러 번 관찰사를 역
임하였다. 그는 가는 곳마다 동포의 가련한 피와 진액을 빨아다가 자기 일
신을 살찌게 했다. 이는 일반 동포의 귀로 듣고 눈으로 본 바라. (중략) 슬
프다. 제가 대구에 부임한 후로 일편 마귀의 마음이 갈수록 더욱 악독해져
서 영남 인민의 지식이 열릴까 애국심이 발동할까 근심하는구나. (중략) 시
골에 개가 뛰고 짖는 것도 또한 자유이거늘 이것을 미워하여 한 뭉치로 다
때려죽여 없애버리고, 성 쌓았던 돌 한 덩이도 나라의 재산이거늘 한 번에
다 팔아먹었으니 (중략) 나라를 해롭게 하고 백성을 병들게 하는 일이로다.
(중략) 박중양은 일호라도 사람의 마음이 있으면 전일 지은 죄를 회개하라.
(중략) 우리는 영남 인사들에게 권고하노니, (중략) 저 마귀를 쳐 항복받을
지어다.

<박중양의 참혹한 심술>,《대한매일신보》, 1908. 11. 4.

박중양은 둘째가라면 서러울 최고의 기회주의자였다. 권력이 바뀔 때마다 권력의 "매와 사냥개"를 자처했다. 그는 동포의 "피와 진액을 빨아" 자신의 배를 불린 "마귀의 마음"과 "마귀의 창자"를 지닌 "악독"하고 "간악"한 동포의 "원수"였다. 일본 제국에 빌붙어 권력을 유지하려던 그였으니, 당연히 위대한 일본인을 물어뜯은 조선의 개들을 박살낼 수밖에.

개 규칙과 개목걸이의 탄생

그러나 박중양의 개 소탕 작전도 분명 명분은 있었다. 본디 명분은 만들면 그만인 법이다. 박중양이 만든 명분은 위생이었다. 박중양이 개를 박살내고 있을 때, 인천에서도 개가 죽어나갔다. 인천에서는 개백정 대신 "백정 순사"들이 230여 마리의 개를 살처분했다. 도시 청결을 위해서였다. 당시 콜레라가 빈번하게 발생했는데, 그 원인 중 하나가 도시의 불결한 상태였다. 위생순검이 아무데서나 대소변 누는 사람을 잡아들이는 판에 온 동네를 휘젓고 다니며 똥과 오줌을 난사하는 개를 가만 놔둘 리 없었다. 똥과 오줌이야말로 불결과 전염병의 대명사였다. 요즘처럼 개의 위생이나 건강, 미용에 관심을 둔 시절이 아니었다. 애완견이나 반려견이라는 개념도 없었다. 더군다나 자꾸 "미친개"가 사람을 물고 다녔다. 광견병의 원인조차 몰랐을 때이니 예방백신이 있을 리 만무했다. 그러니 동네를 어슬렁거리는 개를 무작정 때려죽일 수밖에.

1909년 6월이었다. 조선 역사상 미증유의 새로운 법령이 반포되었다. 이른바 '개 규칙'이었다.

경시청령 제2호
축견단속규칙畜犬團束規則을 아래와 같이 정함.
융희 3년 6월 28일
경시총감 와카바야시 라이조若林賚藏

제1조 개를 기르는 주인은 자기의 성명을 기록한 가죽 또는 금속으로 만든
목걸이 혹은 표패標牌를 축견의 머리에 착용해야 함.
제2조 전 조의 목걸이 또는 표패가 없는 개는 야견으로 인정하여 박살함.
제3조 축견이 광견병에 걸린 것으로 인정될 때에는 개를 기르는 주인이 즉
시 개를 박살하여야 함.
제4조 포효광조咆哮狂躁(으르렁거리며 미쳐 날뜀)하거나 혹은 사람과 가축을
물을 염려가 있는 축견은 개 주인이 견고한 입마개를 채우거나 혹은 단단
한 쇠사슬로 묶어두는 것이 옳음.
제5조 제3조 및 제4조를 위반한 자는 5원 이하의 벌금에 처함.

《관보》 제4460호, 1909. 6. 30.

개를 기르는 사람은 개의 모양, 색깔, 종류, 연령, 주인의 성명, 거
주지 등을 자세히 기록하여 경찰서에 보고할 의무가 있었다. 또한 한
때 사람이 호패를 차고 다녔듯 이제 개도 '개목걸이', 곧 견패犬牌를
차고 다녀야 했다. 개목걸이에는 주인의 성명과 거주지를 정확하게
써넣었다. 1910년에는 경무국에서 개의 습성에 관한 책을 발간하여

개 주인들에게 일독을 권하기도 했다. 개 규칙은 대한제국 시대에만 존재한 법률은 아니었다. 이미 1880년대 일본 메이지 시대에 광견병과 위생 문제로 〈축견단속규칙〉이 반포되었다.

흰둥이든, 누렁이든, 검둥이든, 바둑이든, 그도 아니면 똥개든 모든 개의 목에는 개목걸이를 채웠다. 개목걸이를 차지 않고 거리를 활보하는 개는 법률상 살상해도 무관했다. 그렇다고 아무나 견패 없는 개를 죽일 권리는 없었다. 경찰과 협력하여 견패 없는 개를 색출하고 박살내는 임무를 떠맡은 사람들을 당시에는 '개백정'이나 '백정 순사'라 불렀다. 그렇다면 개백정의 손에 죽임을 당한 수많은 개들은 다 어디로 갔을까. 무작정 매몰할 수는 없었다. 그래서 고안해낸 방법이 '박살된 개'를 창덕궁 내 동물원의 호랑이와 승냥이 등 맹수의 먹이로 제공하는 것이었다.

나는 개다?

경시청에서 법령으로 개 규칙을 반포하자 사람들은 자신이 기르던 개를 방매함으로써 개 규칙을 피해가려 했다. 개 주인들은 개목걸이에 자신의 이름을 써넣느니 차라리 팔아버리는 게 낫다고 생각했다. 그들은 자신과 개가 같은 이름으로 불린다는 사실을 견딜 수 없었다. 그러나 개 값의 급락으로 잘 팔리지도 않았다.

하지만 관료들은 개 규칙을 마냥 무시할 수 없었다. 더구나 통감부 권력을 출세와 보신주의의 동아줄로 생각한 이들에게 개 규칙은 어떻게 해서든 지켜야 하는 법령이었다. 개 규칙을 따라야 하지만 사회적 지위와 체면을 중시한 고위 관료들은 개목걸이에 자신의 이름을 써넣는 것을 여간 찝찝하고 불쾌한 일로 여기지 않을 수 없었다.

그래서 고위 관료들은 잔머리를 굴렸다. 대표적 인물이 한때 "빠가 대신", 곧 '바보 대신'으로 불렸던 박제순이다. 그는 1905년 '을사조약' 체결 당시 외무부 장관이자 일본 제국 협력자이자 정경유착의 일등공신이었다. 박제순은 개목걸이에 자신의 이름 대신 하인의 이름을 기입했다. 졸지에 개의 출신성분이 뒤바뀐 것이다. 심지어 민씨 척족의 거물 민영소는 자신의 이름을 빼고 품계인 '보국'을 넣어 '민보국'으로 기재하였다. 평범한 개가 하루아침에 임금의 친족이 된 것이다. 개목걸이를 달지 않은 보통 개는 그 자리에서 박살났지만, 정치인의 개들은 겨우 목숨을 부지했다. 개의 생사여탈권 역시 주인이 지닌 권력에 좌지우지된 셈이다. 인민은 정치인의 개를 바라보며 연신 조롱을 퍼부었다. 물렀거라! 민보국 행차시다! 나가신다! 박대신 행차시다!

칠적七賊과 칠견七犬

개 규칙으로 인한 한바탕 소동이 벌어지면서, 저잣거리에서는 개 규칙에 관한 다양한 이야기가 끊임없이 창조되었다. 개는 개가 아니라 개 주인의 권력을 상징하는 존재였다. 견패에 기록된 주인의 직함은 곧 개의 사회적 지위였다. 물론 이런 상황은 조롱과 유머와 풍자의 대상이었다. 경시청에서 개 규칙을 반포하자 이를 권력 풍자의 소재로 선취한 사람은 누구보다 시대 흐름에 민감했던 《대한매일신보》 편집진이었다. 제목부터 심상치 않다. 바로 "개 잡어"였다.

개를 여러 마리나 기르되, 요 일곱 마리같이 얄밉고 잔미우랴.

낯선 타처 사람 오게 되면 꼬리를 회회 치며 반기려고 내달아 요리 납죽

저리 기웃하되, 낯익은 집안사람 보면 두 발을 뻗드리고 콧살을 찡그리고

이빨을 엉성거리고 컹컹 짖는 일곱 마리 요 박살할 개야.

보아라, 근일에 새로 개 규칙 반포되어 개 임자의 성명을 개 목에 채우지

아니하면 박살을 당한다 하니, 자연 박살.

<개 잡어殺狗>, 《대한매일신보》, 1909. 7. 13.

"개 잡어"는 매국노를 풍자한 노래다. '낯선 사람'(일본)을 보면 꼬
리를 살랑거리고, '집안사람'(조선인)을 보면 으르렁거리는 7명의 매
국노를 풍자했다. 그렇다면 이 7명은 누구일까. 총리대신 이완용, 내
부대신 임선준, 탁지부대신 고영희, 군부대신 이병무, 법부대신 조중
응, 학부대신 이재곤, 농상공부대신 송병준이다. 이들은 고종을 퇴위
시킨 일등공신이었다.

1908년과 1909년에 불어닥친 개 소탕 작전과 개 규칙은 생명존중
이나 동물보호에 대한 사람들의 관심을 환기하지 않았다. 물론 "개놈
들", "개만도 못한", "개 같은 행실" 등 욕설의 수사학을 발전시키는
데 보탬이 된 것도 아니었다. 대한제국 말기 '개'는 권력에 대한 풍자
대상이자, 권력에 기생하는 하수인의 표상이자, 우리 삶과 일상을 균
열 내는 모든 '공공의 적'에 대한 분노의 상징이자, '개만도 못한' 대
한제국 사람들의 처지를 대변하는 슬픈 짐승이었다.

앞으로는 똥에도
세금을 매기겠노라

수표교를 줄줄이 건너는 여러 대의 인력거들. 헌병들이 어느 권세 높은 사람을 호위하며 가고 있다. 그는 법부대신과 탁지부대신을 역임하고, '한일합방'에 공을 세운 고영희일 터이다.

법은 있었으나, 대한제국 평범한 사람들을 대변해줄 진짜 법은 존재했던 것일까. 법이 있으되 없는 것과 같은 "무법천지에 인력거"만 많아졌다. 인력거는 문명의 상징이자 근대화의 징표였다. 그러나 이는 일본의 문명과 근대화를 상징했다. 일본 도쿄에서 인력거 영업이 시작된 것은 1870년대 무렵이다. 일본의 발명품인 인력거가 조선에 유입된 때는 1894년이었다. 이때 조선에서 인력거 영업을 시작한 사람은 일본인 하나야마花山로 알려져 있다.

인력거를 가장 먼저 반긴 사람들은 대한제국 정부의 고관대작이었다. 그들에게 인력거는 단순히 교통수단이 아니었다. 일본으로부터 수입한, 문명개화를 상징하는 탈것이었다. 고가였지만 고관대작들은 자신만의 특별한 인력거를 구입했다. 전용 인력거꾼도 거느렸다. 이후 인력거가 고관대작의 탈것에서 탈피, 상업용 교통수단으로 보급되어 서울 저잣거리를 활보하자 새로운 규칙이 생겼다. 1908년 8월에 제정된 〈인력거영업단속규칙〉이다. 어떤 면에서 〈인력거영업단속규

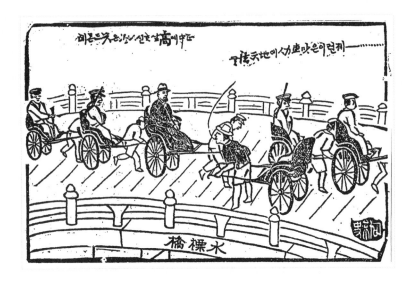

이도영, 《대한민보》, 1909. 8. 3.
못다 한 말이 많았던 세상이다. 말줄임표의 미세한 간격 사이 여백이 천근 같은 억압의 무게를 지탱하고 있었는지 모른다. "무법천지에 인력거 맛은, 이런 제······." 말줄임표로 생략된 말은 '제 길!'이 아니었을는지.

칙〉은 한국 최초의 '근대적 교통 법규'였다.

1894년 갑오개혁은 일본의 입김이 강하게 반영되었음에도 불구하고 조선의 근대화를 위해 단행된 개혁이었다. 조선의 근대화 과정은 새것과 옛것의 반목 속에서 진행되었다. 근대화와 문명화를 위해 조선 사람들의 삶의 방식을 뜯어고쳐야 했다. 그러기 위해 예전에 존재하지 않았던 새로운 규칙과 제도들이 만들어졌다. 개 규칙, 인력거 규칙, 도로 규칙, 위생 규칙, 매음녀 규칙 등이 새로 제정되었다. 정부가 신설한 규칙은 계몽 지식인들의 계몽 사업을 통해 저잣거리로 전파되

이도영, 《대한민보》, 1909. 11. 3.
"이제는 끈 떨어진 뒤웅박이 되
었으니, 숭례골 개백정도 개나
잡아 팔지!" 굵은 서체로 강조
된 박중양은 누구일까? 그는 이
토 히로부미를 후견인이자 양
아버지로 둔 당대 최고 권력자
였다. 하지만 이토 히로부미가
죽자 끈 떨어진 개백정 신세로
전락할 수밖에 없었다. 이 삽화
는 그 상황을 풍자한 것이다.

였다. 당시 제정된 다양한 규칙은 근대화와 문명화라는 미명 아래 조
선인이 반드시 따라야 할 규칙이라고 선전됐다. 새로운 규칙의 등장
과 함께 없던 조세 항목도 생겨났다. 예나 지금이나 세금은 아주 민감
한 문제다. 새로운 세금의 징수는 인민의 원성을 사기에 충분했다. 일
명 위생세 혹은 위생비가 바로 그것이다. 인민에게 위생은 아주 낯선
개념이었다. 더군다나 위생을 위해 세금까지 내야 한다니, 받아들일
수 없는 노릇이었다. 그들은 위생비에 저항할 수밖에 없었다.

1904년 11월 17일자 《대한매일신보》에 "측간 수세"라는 기사가 실렸다. 청결회사에서 화장실 1곳당 매달 10냥씩 돈을 징수하겠다는 얘기가 흘러나오자, 이에 서울 사람들이 동요한다는 보도였다. 이처럼 위생 규칙과 위생비는 인민의 생활과 아주 밀접한 것이라 민감하게 반응했다. 위생비는 일종의 환경세였다. 인민은 때로 청결한 거리 유지라는 명목으로, 또 때로는 도로 수축, 우물 개량, 변소 개량이라는 명목으로 정부에 위생비를 내야 했다. 환경 미화, 도로 수축, 우물 개량, 변소 개량 등은 그래도 눈에 보이는 개선 사업이라 백 번 양보하면 이해할 수도 있을 것 같았다.

그러나 아무리 생각해도 수긍할 수 없는 세금이 있었다. 바로 자신들이 싼 '똥'에 세금을 붙이는 경우였다. 인민은 더 이상 자신들이 싼 똥을 마음대로 처리할 수 없었다. 변소는 사적 공간인 동시에 똥이 쌓일수록 더 많은 세금이 부과되는 기막힌 공적 공간으로 바뀌었다. 각 가정 변소에 쌓인 똥을 치울 수 있는 권리는 정부에서 허가받은 분뇨처리회사에 있었다. 물론 이 회사의 분뇨처리부대가 똥을 처리할 경우 돈을 내야 했다. 인민은 이것 역시 위생비의 일종으로 여겼다.

정부는 위생비를 내지 않을 경우 공권력을 동원했다. 이 과정에서 심심찮게 공권력의 위법적 폭력이 자행됐다. 위생경찰들은 위생비를 내지 않는 인민의 살림살이를 때려 부수는 것은 물론이요, 심지어 임신부를 구타해 여론의 뭇매를 맞았다. 그래서 사람들은 위생에 힘쓰는 것이 좋은 세상을 만드는 일인 줄 알았는데, 겪어보니 "위생"이 "고생"이라며 한탄했다. 인민은 온갖 명목의 위생비 청구서를 '똥표'라 불렀다.

일상의 '똥표'도 문제였고, 말단 권력의 횡포도 문제였다. 하지만 사회의 모범이 되어야 할 공직자들의 패악은 더욱 문제였다. 일례로 정교의 《대한계년사》에 따르면, 황실 재정을 총괄하는 내장원경 이용익이야말로 대표적 탐관오리였다. 그는 온갖 수단과 방법을 가리지 않고 인민의 고혈을 짜냈다. 황실 재산을 관리하고 황실을 위한 세금을 걷는다는 명목으로 혹독한 세금을 징수해 자신의 배를 불렸다.

인민에게 갓세와 상투세를 받는다는 말이 어떤 신문에 게재되었다. 이후 상업계의 인심이 대단히 사나워졌다. 갓 장사들은 우선 손해가 적지 않다더라.

〈별별 꼴도 보지〉, 《대한매일신보》, 1909. 8. 10.

'갓세'와 '상투세'라니. 인민 입장에서는 별별 꼴이 아니라 꼴 같지 않은 상황이었다. 물론 갓세와 상투세는 아직 확정되지 않은 소문으로만 무성한 세금이었다. 그런데 왜 갓과 상투에 세금을 물린다는 소문이 돌았던 것일까. 갓과 상투는 문명개화와 근대화에 있어 일종의 적이었다. 위생과 문명화를 구실 삼아 단발령을 단행했기에 갓과 상투는 척결되어야 할 구습과 야만의 상징이 된 것이다. 그러니 갓과 상투를 착용하는 것은 곧 정부 정책을 위반하는 것과 동일한 의미였다. 하여 갓과 상투에 대한 세금 부과는 과징금이나 범칙금이었던 셈이다.

상투세와 갓세는 시행되지 않았다. 하지만 자라 보고 놀란 가슴 솥 뚜껑 보고 놀란다고 온갖 '문명세'로 곤욕을 치른 사람들이었다. 근대화 추진에 따른 국가적 차원의 경제발전 지표나 정치적 진보보다 저잣거리 인민에게 중요한 것은 생활의 안정이자 불안 요소의 제거였을 지 모른다. 문명개화나 근대화라는 대의가 아니라 일상의 평온을 보 장받는 것이 더 큰 바람이지 않았을까.

12장

정신병

—넋 나감과 넋 들어옴

벽동군에 사는 이동수의 아들은

귀머거리에 벙어리였다.

또한 여기에 미친병까지 들었다.

어느 날 무슨 이유에서인지 모르나

낫으로 그 아버지를 죽였다.

광증일까, 정신병일까

머리는 까치집같이 헙수룩하고 얼굴은 몇 해 전에 씻어보았든지 때가 켜켜이 끼었는데, 저렇게 파리하고도 목숨이 붙어 있나 싶을 만하게 뼈만 남은 위인이 혼자 앉아 중얼거리는 사람은 본평부인이라. (중략) 본평부인은 광증이 심할 때에는 벌거벗고 문밖으로 뛰어나가려 하기도 하고, (중략) 아랫목에 혼자 앉아서 베개에 식칼을 꽂아놓고, 무엇이라 중얼거리는 소리가 그 남편 죽이던 놈의 원수 갚는다는 말이라.

이인직, 《은세계》 상, 동문사, 1908, 88~89쪽.

본평부인은 '광증'에 걸렸다. 베개에 식칼을 꽂고, 벌거벗고 뛰쳐나가고, 헛소리를 하니 말이다. 그녀는 왜 광증에 걸렸을까. 부인의 남편 최병도는 개화파 김옥균에게 감화를 받았다. 최병도는 구국의 일념을 품고 열심히 일하여 재산을 모았다. 하지만 그는 자신의 재물에 눈독을 들인 강원 감사에게 모진 형문 끝에 죽고 말았다. 남편이 억울하게 세상을 떠나자 부인은 정신을 놓았다. 어떤 때는 자신의 딸 옥순이를 알아보지 못하고 몽둥이를 휘두르기도 했다. 남편이 억울하게 죽자 그 충격을 감당하지 못한 부인은 정신이상 증세를 보였다. 이를

100여 년 전 광증에 걸린 사람. 정신병이라는 말을 사용하기 전 광증이나 미친병이라 불리던 증상은 대부분 '넋 나감'이나 '넋 들어옴'과 비슷했다.

당시에 '광증狂症'에 걸렸다 불렀다.

광증을 '미친병'이라 부르기도 하였다. 부인의 미친병, 정신적 외상을 치료할 만한 의술이나 약은 없었을까. 있기는 했다. 1900년대 신문에 가장 빈번하게 광고로 실린 '구전영사 만응단'이 미친병 치료제로 선전되었다. 하지만 효과가 있었는지 없었는지 알 수 없는 노릇이다. 더군다나 정신병을 치료할 변변한 병원도 없었다. 대한제국 시기에는 '정신병'이라는 말이 아직까지 정착되지 않았다.

그렇다면 대한제국 시기 미친병과 광증에 걸린 사람들은 어떤 행동과 증상을 보였을까. 몇 가지 사건과 사고를 살펴보자.

첫 번째 사건. 동대문 밖에 개운사라는 절이 있었다. 이 절의 중 '우송'이 외출했다 돌아오는 산길에서 버섯 몇 송이를 따왔다. 우송은 동료들과 함께 버섯을 삶아먹었는데, 몇 시간이 지나자 모두 '광기'가 발생했다. 어떤 중은 날뛰었고, 또 어떤 중은 미친 듯이 춤을 췄다. 다행히 우송은 증세가 호전되었지만 다른 중들은 정신을 잃고 위독한 지경에 빠졌다.

두 번째 사건. 전 판서 윤용식은 사직골 사는 이씨 성의 여자를 첩으로 삼았다. 이후 상자골에 있는 큰 첩 신소사가 기거하는 큰 집을 팔아 작은 첩에게 집을 사주려 했다. 그러자 신소사는 미친병이 든 모양으로 날뛰더니 몇 번을 우물에 뛰어들어 자살을 하려 했다.

세 번째 사건. 벽동군에 사는 이동수의 아들은 귀머거리에 벙어리였다. 또한 여기에 미친병까지 들었다. 어느 날 무슨 이유에서인지 모르나 낫으로 그 아버지를 죽였다.

네 번째 사건. 박성래의 나이는 29세였다. 본래 문장이 뛰어나 아이들을 가르치며 생계를 유지했다. 어느 날 갑자기 광중이 발병하여 길가를 배회하다 경찰에게 붙잡혔다. 경찰은 박성래가 정신이 온전치 못하다 판단하여 제중원으로 호송하여 치료하게 했다. 치료를 받은 지 며칠 되지 않아 다시 박성래가 웃옷을 벗고 길가로 뛰어나와 돌아다녔다. 박씨의 어머니와 누이가 박씨를 붙들고 다시 경찰서로 가 순사에게 병을 고쳐달라고 애걸했다. 경찰은 박씨를 다시 제중원으로 데리고 가서 치료를 받게 했다. 병원에서 박씨에게 물었다. 왜 미쳤느냐고. 박씨가 말하길, 늙은 모친 슬하에 살면서 작은 집 한 칸이 없어 광중이 생겼다고 대답했다.

다섯 번째 사건. 삼청동 사는 안익선이 몇 달 동안 감옥에 수감되어 있다가 미친병이 들었다. 이에 경찰에서 풀어주었다.

여섯 번째 사건. 홍문동 사는 기생 매화의 서방이 미친병에 걸렸다. 매화의 서방은 자신이 대감이란 귀신에 씌었다고 주장했다. 그래서 매우 성대한 기도를 드려야 한다고 매화에게 말했다. 매화는 남편의 소원을 들어주기 위해 일가친척들에게 구걸하기 시작했다. 이렇게 모은 돈이 200여 원 정도가 된다고 한다.

일곱 번째 사건. 개성군 북부 목동에 사는 김원영은 원래 기독교인이었다. 일곱 날을 기도하다 갑자기 광증이 걸렸다. 김원영은 아내의 머리를 도끼로 내리찍었다. 부인은 두골이 깨져 즉사하고 말았다.

여덟 번째 사건. 서서西署 정종협의 부인이 광증에 걸려 자기 집에 불을 질렀다. 며칠 지나 자신의 집과 반대편에 있는 동서東署 연화방 이명규의 집에 불을 질렀다.

아홉 번째 사건. 수원군에 사는 박경팔은 광증이 발병하여 자기 가족 4명을 타살하였고, 3∼4명에게 부상을 입혔다. 사람들이 박경팔을 포박하려 하자 스스로 목숨을 끊었다.

열 번째 사건. 소격동 사는 한경리의 아들 한인교가 이보현의 집 사랑에서 자다 우연히 문갑 속에 있는 은행표 2장과 돈 200원을 보고 이를 훔쳤다. 이보현이 이를 한경리에게 알렸다. 한경리는 아들의 잘못을 사과하고 아들이 훔친 돈을 갚기로 약속한다는 증명서를 써주었다. 그러나 한경리가 차일피일 돈을 갚지 않자 이보현이 경찰에 고발했다. 경찰은 한경리를 잡아들이고 그의 아들도 잡아들이려 했으나 그렇게 하지 못했다. 한경리는 자신의 아들이 광증이 있어 떠돌아다닌다 했다. 경찰은 한씨에게 아들을 찾아오라며 그를 풀어주었다.

열한 번째 사건. 조선에 와 있는 영국인 선교사 카트라이트가 자살을 했다. 죽은 원인에 대한 소문이 여럿 떠돌았다. 혹자는 그가 뇌병으로 정신이 오락가락하는 광증에 걸려 자살한 것이라 말했다. 또 혹자는 조선 궁내부 가정교사로 근무하는 영국 여성 모씨와 '기괴한' 관계를 맺고 있다는 소문이 무성해 조선 왕실에 죄를 지었다며 이를 책임지기 위해 자살했다 한다.

미친병이나 광증의 증상을 하나의 기준으로 묶기는 힘들다. 물론 이 중에 미친 척하거나, 독에 중독된 사람도 있기는 했다. 그렇다면 이렇듯 일종의 정신질환을 앓는 사람들을 당시에는 어떻게 받아들였을까. 언제부터 이들을 정신병자라 불렀던 것일까. 이들을 모두 정신병원에 감금하고 약물 치료를 받게 했을까. 반사회적 인물로, 지역사회의 안전을 위협하는 위험한 인물로 여기고 감금했을까.

전쟁은 정신병을 낳고

1904년 러일전쟁이 일어났다. 이 전쟁은 동양과 서양이 맞붙은 문명의 대결이었다. 1904년 12월 일본은 뤼순을 함락했다. 1905년 1월 러시아 장교 2명이 백기를 들고 일본군과 마주했다. 뤼순을 함락하기 위해 일본은 6만여 명이라는 전사자를 감수해야 했다. 그리고 1905년 3월 러일전쟁은 막바지로 치닫고 있었다. 이때 《대한매일신보》는 그동안 한국인들이 접하지 못한 신종 질병을 길게 소개했다.

러일전쟁기념석판화. "전쟁은 정신병을 낳을 수밖에!"

이번 일러전쟁에 전에 없던 병이 생겼다. 인도의 의약신문에는 미국 의약
신문의 근세 전쟁의 정신병론을 등재하였다. 그 논문에 말하되 전쟁이라
는 것은 사람의 평시 행위를 잃어버리게 하는 것이며, 다만 사람들을 백정
질하게 만드는 것이라. (중략) 싸움 싸우는 것과 지뢰포 터지는 것이 한 번
천지개벽하는 것과 같아서 위태함과 죽음이 전에 우리가 듣고 보던 것과
모두 다르며 우리의 심리학도 근래 신식 전쟁에는 적합하지 않다. (중략)
만주에서 그 병이 전에 없이 많이 있거늘 (중략) 세상에서 그 병을 자세히
분별하지 못하며 (중략) 근래 전쟁의 정신병을 자세히 주의하지 아니하는
것이 참혹하다 하였다.

〈근세 전쟁의 정신병〉,《대한매일신보》, 1905. 3. 2.

전쟁 때문에 정신병이 발병하는 것은 어떤 면에서 당연한 일이다. 전쟁은 무참한 살육을 동반한다. 근대 세계의 법률상 어떤 이유를 불문하고 한 개인이 타인을 죽일 수 있는 권리는 없다. 전장은 '공식적'으로 개인이 타인의 목숨을 빼앗고도 그 정당성을 인정받는 유일무이한 예외적 공간인 셈이다. 생과 사를 넘나들며 무자비한 폭력과 최소한의 도덕조차 지켜지지 않는 아비규환의 공간에서 병사들이 정신병을 앓는 것은 당연한 일일 것이다. 그렇다면 전쟁으로 인한 병사들의 정신적 외상을 어떻게 치료해야 할까. 신문의 논설에 따르면 정신병을 치료할 수 있는 방법은 전장의 병사들을 고향으로 돌려보내는 방법밖에는 딱히 없다고 한다.

신문 편집진은 '정신병'을 신종 질병으로 생각했다. 하지만 정신병 혹은 정신질환이 조선에 없던 것은 아니다. 단지 '정신병'이란 말을 쓰지 않았을 뿐이다. 조선 사람들에게 광증이나 미친병의 실제적 증상은 대부분 '넋 나감'이나 '넋 들어옴'과 비슷했다. 광증과 미친병을 정신의 문제로 파악하기는 했지만, 사회로부터 격리되어야 할 질병으로는 판단하지 않았다. 더군다나 정신질환을 앓는 사람을 대하는 태도 역시 지금과 달랐다. 정신질환에 걸린 사람을 바라보는 요즘의 시선은 차갑다. 정신질환자, 정신병자, 혹은 심신미약자들을 공격적 성향을 갖춘 위험한 존재로 여기는 것이 보편적이다. 하지만 조선에서는 정신질환자를 위험한 존재로, 지역사회에서 격리되고 배제되어야 할 존재로 파악하지 않았다. 《경국속전》, 《조선왕조실록》, 《목민심서》를 살펴보아도 당시 정신질환자를 위험한 존재로 파악하고 국가적 차원에서 이들을 격리했다는 기록은 좀처럼 찾기 어렵다.

나는 위험한 사람이 아니었습니다

정신질환자를 대상으로 의학 치료를 시작한 것은 1910년 한일병합 이후의 일이었다. 조선총독부는 1911년 6월 21일 조선총독부령 제77호를 발포하는데 그 법령의 이름은 〈제생원규정濟生院規程〉이었다. 1908년 조선통감부는 정신병자의 감호에 관한 법령인 〈경찰범처벌령〉을 만들었으며, 이 법은 1912년 〈경찰범처벌규칙〉으로 발전했다. 먼저 〈제생원규정〉을 보자.

조선총독부령 제77호

메이지 44년 6월 21일

조선총독부 백작 데라우치 마사타케寺內正毅

제생원규정

제1조. 제생원은 조선총독의 감독 아래 고아의 양육, 맹아자盲啞者의 교육 및 풍전자瘋癲者의 구료를 실시함.

《조선총독부관보》제242호.

고아, 시각 장애인, 청각 장애인과 풍전자 곧 정신병자를 한 두릅에 엮어 관리하기 시작했다. 또한 1912년 3월 25일 조선총독부령 제40호로 발포한 〈경찰범처벌규칙〉은 총 87개 항목을 설정하여 반사회적 인물을 처벌할 수 있는 규정을 마련했다. 조선총독부가 〈경찰범처벌규칙〉을 발포한 바로 다음 날 조선총독부 기관지《매일신보》는 그 전문을 게재하면서 "모든 인민이 아래에 게재한 것을 아침저녁으로 명심함이 좋겠다더라"는 설명을 큼지막한 활자로 박아놓았다. 〈경찰범처벌규칙〉의 몇 가지 항목을 살펴보자.

조선총독부령 제40호
경찰범처벌규칙

제1조. 아래에 열거한 각 사항 중 하나에 해당하는 자는 구류 또는 과료科料에 처함.

2. 일정한 주거 또는 생업 없이 아무데나 배회하는 자.

7. 걸개(빌어먹는 행위)를 하거나 또는 하게 하는 자.

8. 단체가입을 강청強請하는 자.

39. 공중이 자유롭게 교통하는 장소에서 훤조喧噪(고성방가)하고, 횡와橫臥(노숙)하고 또는 이취泥醉(술이 곤드레만드레 취함)하여 배회하는 자.

55. 위험할 염려가 있는 정신병자의 감호를 게을리하여 집 밖에 배회하게 한 자.

57. 길가에서 똥오줌을 누거나 또는 누게 한 자.

84. 감히 총포를 발사하거나 또는 화약과 기타 격발할 만한 물건을 지닌 자.

〈경찰범처벌규칙〉,《매일신보》, 1912. 3. 26.

식민지 조선에서 정신병자는 '위험한' 부류에 속하게 되었다. 당사자뿐 아니라 그 가족 또한 정신병자를 제대로 감시하지 않으면 법의 처벌을 받았다. 연좌제인 셈이다. 1913년에는 조선총독부의원 안에

조선총독부의원 정신과병
동 환자 회진, 1927년. 앞
줄에 광증 걸린 사람 셋이
보인다. 이제 그들은 '정신
병자'라는 호명 아래 감시
와 처벌을 받게 되었다.

정신병과가 독립되어 정신병자를 격리 치료하는 수용시설이 생겼다.
한일병합 이후 식민지 조선의 정신질환자는 총독부법령에 의해 반사
회적 인물로 규정되어 경찰의 감시와 감찰과 처벌을 받게 된 것이다.
근대 사회의 특징 중 하나는 사회적 안녕과 질서라는 목적으로 규정
과 규율로 포획되지 않고 미끄러져나가는 모든 이념과 현상과 상태를
철저하게 배제하는 것 아니었을까. 그리고 혹시나 모를 위험 징후를
제거하기 위해 일상적 감시와 감찰의 그물망을 촘촘하게 엮어낸 것은
아니었을까.

경성고아원, 자선사업은
돈벌이일 뿐

1905년 분노에 찬 100여 명의 거지들이 한자리에 모였다. 경찰서장의
집 앞이었다. 기습 시위를 하고 도망쳤다. 힘없는 그들은 왜 경찰 우
두머리를 향해 분노를 표출했던 것일까. 경찰들이 비렁뱅이나 동냥아
치를 잡아 가둘 것이라는 소문이 저잣거리를 떠돌았기 때문이다. 단
순히 잡아 가두는 것이 아니라 징역에 처한다는 소문이었다. 경찰은
시위를 주도한 거지 우두머리를 잡기 위해 바삐 움직였다. 거지는 사
회적 약자이자 빈민이다. 이들에 대한 정부의 복지 정책은 언제나 빈
약할 따름이다. 멀쩡한 육신을 가지고도 일하지 않는다는 편견, '우
리의' 부를 야금야금 갉아먹는 좀벌레라는 인식이 강하기 때문은 아
닐까.

거지도 사회적 약자이자 소외 계층이지만, 자신의 의지와 상관없이
빌어먹을 수밖에 없는 소외 계층도 있기 마련이다. 바로 버려진 아이
들, 혹은 고아이다. 아동유기나 신생아 유기는 어제 오늘 문제가 아니
다. 그렇다면 대한제국 시기 버려진 아이들에 대한 정부 정책은 어땠
을까.

1907년 8월 24일자 《대한매일신보》 시사평론은 신생아 유기 문제
를 다뤘다. 요즘 들어 다리 밑이나 길가에 신생아를 버리는 악습이

종종 있다는 얘기였다. 이런 문제를 해결하기 위해 홀로된 여성이 재혼할 수 있도록 '개가법'을 서둘러 실시해야 한다는 내용이었다. 과연 홀로된 여성만의 문제였을까. '싱글 맘'에 대한 사회적 배려가 전무한 시대였다. 더욱이 신생아를 유기하는 여성들을 신문에서는 "음부淫婦"라 불렀다. 신문의 표현을 좀 과대 해석하면 버려진 신생아는 '음탕한' 여성이 자신의 성적 욕망을 불태우다 남긴 더러운 씨앗인 셈이었다.

1905년 10월 경성고아원이 설립되었다. 처음에는 보생고아학교普生孤兒學校로 개교했으나 나중에 경성고아원으로 이름을 변경했다. 물론 경성고아원 이전에 버려진 아이들을 보살피는 보호소가 없었던 것은 아니다. 고려시대나 조선시대에도 국가적 구휼과 자휼字恤 차원에서 버려진 아이들을 보호하고 양육하기는 했다. 또한 천주교 고아원이나 선교사들이 운영하는 고아 시설도 있었다. 그러나 특정한 개인이, 그것도 한국인이 근대식 고아원을 설립한 것은 경성고아원이 최초라 말할 수 있을 터이다. 경성고아원은 이필화가 설립하였고, 경영은 주로 그의 아들인 이우선이 도맡았다.

근대식 고아원 경성고아원이 설립되었지만, 대한제국 보통 사람들은 이러한 빈민구제 시설과 제도에 그리 익숙하지 않았던 듯하다. 그러니 《대한매일신보》가 고아원에 아이를 보낼 경우의 규칙을 친절하게 설명해주지 않았겠는가.

1. 아이를 보내려는 사람은 친밀한 사람을 고아원에 보내 사무 보는 사람에게 자세히 문의하여 어느 시간에 보낼 것인지 약속을 정할 일. 2. 이씨의

집으로 보낼 뜻이 있는 사람은 그 집에 와서 묻고 주인이 없으면 주인의 모친과 가속이 있으니 직접 만나서 전할 일. 3. 아이를 전할 때 혹시 부끄러운 생각이 들어 밤에 문틈으로 들이밀고 가면 고아원에서나 이씨의 본집에서 즉시 알 수도 없고 조금 오래 아이를 방치하면 죽을 것이니 이는 내버리는 것과 같은 일이니 고아원이나 이씨의 본집에 전할 때는 결단코 직접 만나서 전하고 모르게 들이밀고 가지 말 것.

〈고아원 규칙〉, 《대한매일신보》, 1908. 1. 25.

경성고아원은 설립 당시부터 사회 각계각층의 관심을 받았다. 고아원 사업이 각계각층의 절대적 지지와 관심을 받은 것은 고아원 설립 자체를 '문명적 자선사업'이자 '문명의 척도'라 생각했기 때문이다. 1905년 을사조약 이후 일본 사람이 경성에 소위 '한국박애고아원'을 설립한다 했을 때도, 《황성신문》은 고아원 설립은 국가와 사회를 위해 매우 중요한 사업이라며 칭찬을 아끼지 않았다.

경성고아원은 고아를 보호하는 역할만 하지 않았다. 일종의 '고아학교'였다. 학교를 다닐 수 없던 고아의 교육을 대리하는 기관이었다. 대한제국 황실은 틈틈이 경성고아원을 후원했고, 일본 황실도 후원금을 보냈으며, 여러 여성단체뿐 아니라 각계각층 인사들이 적극적으로 후원금을 냈다. 경성고아원 경영이 어려울 때는 기생들이 자선음악회를 열어 후원금을 마련하기도 했다. 그만큼 '자선사업'은 국적, 계급, 성별을 초월하는 힘을 지니고 있었다. 1907년 국채보상운동 때 '애국심' 하나로 모인 돈만큼, 경성고아원은 '자선심' 하나로 돈을 긁어모았다.

이도영, 《대한민보》, 1909. 6. 26.
"에구, 이 돈 덩어리들. 후원금이 부
족하니 밥은 반만 주겠다." 그 많은
후원금을 도대체 어디에 쓰고 있는
것일까?

그런데 문제는 돈이었다. 어떤 일본 사람은 경성고아원 후원금을
마련한다는 핑계로 자선음악회를 열어 그 수입금 3,000원을 착복했
다. 집안 도둑도 있었다. 이필화의 아들 이우선은 각계각층에서 보낸
후원금을 사적으로 유용했다. 기부 문화는 분명 인도적 차원에서 좋
은 일이었지만, 그 기부금이 어떻게 사용되는가는 또 다른 문제였다.
이우선은 신문 광고에 자신이 경성고아원을 설립한 것은 인명 구제
목적이라 말했음에도 불구하고 자선을 일종의 '사업'으로 생각했던
듯하다. 각계각층에서 답지한 후원금을 착복한 것을 물론이요, 회계

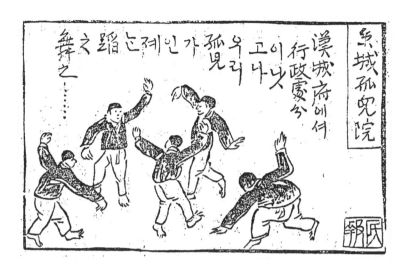

이도영, 《대한민보》, 1910. 2. 4.
덩 더 꿍, 덩 더 꿍. 경성고아원은 이제 정부로 이관되었다. 고아들은 탐욕스러운 원장의 손아귀에서 벗어났다.

도 투명하게 하지 않아 후원금을 낸 많은 사람으로부터 원성을 샀다.

그런 까닭에 1909년 7월 14일자 《황성신문》에는 경성고아원이 "고아를 이용하여 생활적 경영에"만 집착한다고 비판하는 기사가 실렸다. 경성고아원은 이필화와 그의 아들 이우선을 중심으로 한 가족 경영 체제를 유지했다. 이필화와 이우선 부자에 의해 운영된 경성고아원은 비리의 온상처럼 여겨져 세간의 비판을 받았다. 이런 이유로 각 사회단체는 경성고아원 정상화 방안을 놓고 머리를 맞댔다. 이 단체들이 개입할 수 있던 것은 경성고아원 운영이 거의 전적으로 후원금을 통해 유지되었기 때문이다. 이우선이 잠시 원장 자리를 내놓기는 했지만 금세 원장 직위에 복귀하여 경성고아원을 경영했다.

경성고아원 경영을 놓고 이필화 부자와 사회단체의 분쟁이 계속되자 1909년 11월 정부가 중재에 나섰다. 결국 경성고아원의 경영은 지금의 서울특별시로 이관되어 '공립' 경성고아원이 되었다. 자선사업에서 어디에 방점을 찍느냐는 예나 지금이나 중요한 문제일 터이다. '자선'이냐, '사업'이냐. 힘 있는 자들의 권력 놀음에 새우 등 터지는 쪽은 언제나 약한 사람들, 그리고 아무 죄 없는 아이들이었다.

13장

추첨

—경품을 탐하게 하라

어떤 물건이든지 2원 이상 구매하시면

경품권 1장을 지급하며,

공표는 없으며 아무 물건이라도

상품이 있습니다.

도끼로 내 머리를 내리치소서

'신상' 이 몰려왔다. 하나같이 외국 물건들이었다. 항구를 연 결과였다. 1876년 개항은 정치사적 사건만이 아니었다. 외국과의 통상을 뜻했다. 당연히 경제적 문제였으며, 조선 경제의 적신호였다. 일본과의 조약이 체결되기 직전 면암 최익현은 일본과 통상을 맺는 일에 관한 상소를 올렸다.

신은 적들의 배가 왔다는 소식을 듣고 의정부議政府에서 응당 확정적인 의논이 있으리라고 생각하여 여러 날 동안 귀를 기울이고 기다렸으나 아직도 들은 바가 없습니다. (중략) 겁나서 화친을 요구한다면 지금 당장은 좀 숨을 돌릴 수 있겠지만, 이후 그들의 끝없는 욕심을 무엇으로 채워주겠습니까? 이것이 나라를 망하게 하는 첫째 이유입니다.

그들의 물건은 모두 지나치게 사치한 것과 괴상한 노리갯감들이지만, 우리의 물건은 백성들의 목숨이 걸린 것들이므로 통상한 지 몇 년 되지 않아서 더는 지탱할 수 없게 될 것이며, 나라도 망하게 될 것입니다. 이것이 나라를 망하게 하는 두 번째 이유입니다.

《조선왕조실록》, 고종 13년(1876) 1월 23일.

최익현은 일본과의 통상은 망국으로 가는 지름길이라 굳게 믿었다. 그에게 일본은 "서양 도적들"과 같은 무리였다. 그는 일본과 통상을 맺자고 주장하는 조선인은 "나라를 팔아먹고 짐승을 끌어들여 사람을 해치려고 꾀하는 자"이며, 이들을 사형으로 처단해야 한다고 강경하게 주장했다. 만약 자신의 뜻이 이루어지지 않는다면 도끼로 자신을 내리쳐달라 했다. 일명 최익현의 '도끼 상소'였다. 진정한 보수파를 대표한 최익현의 상소는 받아들여지지 않았다. 최익현이 걱정한 바가 단순한 기우였으면 좋았을 일이지만, 훗날 조선은 최익현이 상소한 바대로 망국의 길을 걷게 된다.

예나 지금이나 외국과의 전면적 경제 개방 정책은 국가의 사활을 건 중차대한 문제다. 당시 근대화는 조선을 자본주의 사회 체제로 편입시키는 것을 의미했다. 따라서 자국 경제의 붕괴는 곧 제국주의 국가의 식민지 경제 체제로 전락하는 것과 같았다. 특히 조선은 서구 문물과 대결할 만한 힘을 갖추지도 못한 상태에서 전면적 경제 개방을 실시함으로써 망국을 자초하고 말았다. 그러나 일본의 포함 외교에 대항할 만한 힘이 딱히 없던 조선의 입장에서 통상은 어쩔 수 없는 최후 선택이었을지 모른다. 통상은 장밋빛 유혹과 핏빛 미래를 동시에 머금고 있는 메두사의 머리와 같은 것이었다. 조선의 첫 세계화 관문은 이렇게 시작됐다.

일상으로 파고든 신묘한 물건들

서구에서 들어온 문물은 경이로웠다. 조선인이 한 번도 듣도 보도 못

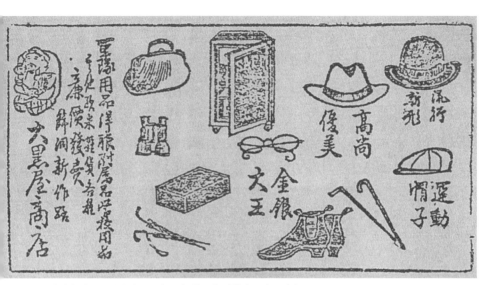

잡화점 광고문. 서양식 구두와 모자, 핸드백, 망원경 등이 보인다.

한 물건들로 가득했다. 전기, 기차, 전화 등이 조선을 점령했을 때 사람들은 이를 어떻게 받아들이고 설명해야 할지 몰랐다. 귀신의 솜씨, 조화옹의 신묘, 요술쟁이의 거짓말 등 온갖 수사학이 동원되었다. 서구 기계문물을 받아들여야 했던 조선인의 당혹감이 깊게 스며든 표현이었다. 서구 제국주의 국가들은 기차나 전화, 전기처럼 경제적 가치가 아주 큰 품목만 수출하지 않았다. 그들은 조선인들의 일상생활을 파고들었다. 바늘, 옷감, 유리, 염색약, 실, 성냥, 화장품, 금계랍, 소시지, 담배, 서적, 축음기, 자전거, 석유, 훈제 연어 등 의식주에 관한 모든 것이 수입되어 소비심리를 자극했다. 더군다나 서구 상점들은 신문이라는 근대적 미디어를 이용해 자사 상품을 적극적으로 광고했다. 마치 자신들이 파는 상품이 문명인과 근대인의 필수품인 것처럼 말이다.

이번에 각종 겨울 용품을 많이 수입했습니다. 이왕에도 각계각층의 여러 분들이 사랑해주심을 감사하게 여겼거니와, 특별히 연말을 맞이하여 여러 분들이 보내주신 사랑에 대한 감사의 마음을 만분의 일이라도 보답하고자 아래와 같이 각 물품을 경품으로 내놓으니 이 기회를 놓치지 마시고 구매하시기 바랍니다.

어떤 물건이든지 2원 이상 구매하시면 경품권 1장을 지급하며, 공표는 없으며 아무 물건이라도 상품이 있습니다.

경품 목록

가죽으로 만든 농, 권연초갑, 엽권연초, 인력거 안장, 적삼, (중략) 권연 물부리, 백포도주, 금박 옷장, 가죽 장갑, 가방, (중략) 그 외 수천 종.

구미잡화직수입상, 츠지야辻屋.

〈광고〉, 《대한매일신보》, 1906. 12. 5.

조선에 상주한 외국 상점들은 조선인의 소비심리를 자극하기 위해 새로운 판매 전략을 수립했다. 대부분 일본 상점 위주로 진행되긴 했지만, 일정 가격 이상의 상품을 구입하면 추첨을 통해 경품을 증정하는 방식이었다. 경품으로 내건 물건은 아주 다채로웠다. 보석반지, 담요, 금은 도금 시계, 액자, 담뱃갑, 사과, 목도리, 은 다기, 거울, 화장품 상자, 자전거, 유성기, 쌀, 포도주, 술, 장갑, 가방, 장롱 등이었다. 경품으로 내건 상품 중 조선인들에게 익숙한 상품도 있었지만, 외국 담배, 시계, 자전거, 유성기, 포도주 등은 서구에서 수입된 신상품으로 소비자의 마음을 현혹하기에 충분했다.

1907년 개최된 경성박람회 기념 우편엽서.

경품 추첨, 사행성을 조장하다

각 상점들이 경품을 내걸고 호객행위를 하는 것은 이윤 극대화를 위
한 당연한 판매 전략이었다. 문제는 경품을 특정한 물건으로 보지 않
고 현금 가치로 환산하게 만드는 상점 측 전략이었다. 1907년 개최된
경성박람회의 경품 추첨이 대표적 경우였다. 경성박람회 측은 3만 장
의 추첨표를 준비했다. 1등 약 100환, 2등 50환, 3등 10환에 준하는
물건을 준다고 광고했다. 소비자를 들뜨게 한 것은 특정 물건이 아니
라 100원, 50원, 10원에 준한다는 화폐 가치였다.

　더욱이 소비자들은 경품 추첨의 '추첨'이라는 형식에 매료됐다. 요
즘과 같은 다양한 복권이 등장하지 않은 시기에 경품 추첨은 일종의

복권 대용품이었다. 당연히 소비자들은 경품 당첨을 복권에 당첨되는 것으로 여겼다. 그래서 여러 문제가 발생하기도 했다. 한 마을 여러 사람들이 공동으로 경품 추첨권을 구매한 것이 당첨됐는데 그 배분상 문제, 경품 추첨에 이의를 제기하고 경품 추첨장에서 난동을 부리는 사람들, 경품 추첨에 불만을 품고 서로 싸우다 살인 사건으로 번지는 경우, 경품 추첨에 당첨됐으나 주최 측이 물건 부족으로 지급하지 않는 경우 등이었다. 이는 조선통감부가 '국가적' 기획으로 야심차게 준비한 경성박람회도 마찬가지였다.

> 어제 박람회에 추첨하러 온 한국인이 수만 명이었다. 상등 상품은 100원 어치 되는 물건을 준다고 하기에 한 사람이 표 1장에 신화新貨 10전씩 내고 4~5장씩 수십 장씩 사서 들어가서 사무원에게 표를 제출하자 지급하는 물품은 비눗갑이나 성냥갑이나 빈대약통이나 불과 몇 푼어치 못 되는 것을 주었다. 이에 관광하는 사람들이 말하기를 공연히 많은 돈을 허비했다고 하였다더라.
>
> 〈박람회 추첨 사실〉, 《대한매일신보》, 1907. 11. 13.

경성박람회 경품 추첨은 어떤 면에서 일종의 사기였다. 경성박람회 측은 소비자의 사행심을 부추겨 '국가적 차원'에서 돈을 뜯어냈던 것이다. 특히 박람회 기간 중 '부인의 날'을 만들어 새로운 소비 계층인 여성을 공략해갔다. 물론 여성만을 위한 경품 추첨도 진행되었다.

일본인이 운영하는 상점들이 경품 추첨을 내걸고 대한제국 소비 시장을 점령해 들어가자 조선인이 운영하는 상점들도 맞불을 놓았다.

1920년대 제생당약방 전경. 당시 약장수들은 북과 꽹과리를 치고 깃발을 들어 행진하며 약을
홍보했다. 경품 추첨 역시 소비자를 현혹하는 데 빼놓을 수 없는 수단이었을 터이다.

당시 굴지의 제약회사로 불릴 만한 제생당약방과 화평당약방이 개업
5주년과 개업 3주년 특별 경품 추첨 행사를 열었다. 제생당약방과 화
평당약방은 자신들이 발행하는 경품 추첨권은 '대복채권大福彩券'이니
'복운福運'을 받아가라 선전했다. 제생당약방과 화평당약방이 내건 경
품은 600원 상당의 물품이었는데, 특등 2명에게 백미 20석, 1등 2명
에게 백미 10석, 4등 100명에게 현금 50전을 준다고 했다.
　저잣거리 경품 추첨 열풍은 황실까지 이어졌다. 경품 추첨이 하나
의 오락이자 새롭게 만들어진 게임으로 각광받은 셈이다.

각 황족부인과 각 대신의 부인들이 어제 상오 12시에 덕수궁으로 회동하여 추첨회를 실시했는데 추첨한 물품은 부인의 일용하는 물건이라더라.

〈부인추첨〉, 《대한매일신보》, 1908. 5. 10.

황족과 고관대작들은 저잣거리 경품 추첨을 궁으로까지 끌고 들어왔다. 특히 1910년에는 덕수궁 전하, 즉 고종황제 탄신일을 기념하기 위한 경품 추첨 행사도 열렸다. 누구의 아이디어였는지 모르나 고종황제 탄신일 하사품 지급을 경품 추첨 방식으로 진행한 것이다. 이때 1등 하사품, 즉 1등 상품은 금시계 1개였다.

저잣거리에서부터 황실에 이르기까지 경품 추첨이 유행했다. 경품 추첨은 기업의 판촉 행사 전략이었지만, 이를 받아들인 많은 사람은 경품 추첨을 복권의 한 종류로 여겼으며, 더 나아가 도박의 대체품으로 생각했다. 그러니 새롭게 등장한 경품 추첨이라는 오락에 무수한 소비자가 빠져들 수밖에 없었다. 1원을 내고 몇백 배에 달하는 돈을 손쉽게 벌 수 있다는 요행을 바라는 욕망이 경품 추첨으로 발현된 것이었다.

박물관과 박람회, 문명개화
제일이니 어서어서 가보시오

구미 각국에서는 박람회를 실시하여 과학이 날로 번성하고, 박물관을 건립하여 날로 부강하고 있으니, 세운世運이 활짝 열리는 한 방법이다. (중략) 박람회, 박물관, 경진회가 이름은 비록 다르지만 실은 모두 세상을 개화시키고 사람의 기교를 발전시키려는 뜻이다.

1884년 3월 18일자 《한성순보》 "각국근사各國近事"에 실린 박물관과 박람회에 대한 기사이다. 또한 유길준은 1895년 출판한 《서유견문》에서 박람회와 박물관을 이렇게 말했다.

박람회의 본뜻은 세상 사람들이 서로 가르치고 서로 배우려는 취지에서 남의 장기를 취하여 자기에게 이롭게 하자는 것이다. 즉 여러 나라의 지식과 학식을 교역하자는 것이다. (중략) 박물관은 (중략) 사람들의 견문과 지식을 넓히기 위해 설치한 곳이다.

과연 위의 말이 사실일까. 반은 맞고 반은 맞지 않는다. 박람회의 시대는 곧 서구 제국주의 시대와 함께한다. 박람회와 박물관은 사람들의 견문과 지식을 넓히는 곳이었지만, 제국주의 국가들이 자신의

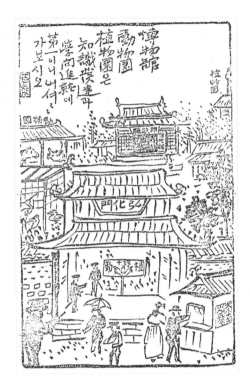

이도영, 《대한민보》, 1909. 11. 23.
박물관, 동물원, 식물원. 교육과 지
식 발전을 목표로 한다고? 박물관
과 동물원 등은 교육과 지식을 빙자
한 제국주의 문화 정책의 상징적 공
간이기도 했다.

힘을 과시하는 장이기도 했다. 1903년 오사카 내국권업박람회가 개최
되었는데 이곳에 '학술인류관'이 설치되었다. 학술인류관은 서구 박
람회의 '식민지관'을 그대로 본뜬 공간이었다. 오사카박람회 학술인
류관에는 한국인을 비롯한 32명의 이민족이 전시되었다.

1907년 도쿄박람회에서도 똑같은 일이 벌어졌다. 박람회 학술인류
관에 조선인이 '야만의 표본'으로 전시된 것이다. 일본 제국은 대한제
국의 여성(인종)을 초라하고 "꿈틀거리는 동물처럼" 전시했다. 그럼으
로써 대한제국이 일본 제국과는 상대가 되지 않는 '야만국'임을 세계

일본 제국의 식민 통치 20주년을 기념하여 개최된 조선박람회장 내부, 1929년. 일제는 근대 문명의 성과를 선보이면서 그것이 자신들의 통치와 근대화 결과라는 점을 강조하였다.

1938년 이전의 이왕가박물관 전경. 1908년 창경궁 안에 설립되었으며 1909년 일반에 공개되었다.

여러 나라 사람에게 적나라하게 보여주었다. 이 사실을《대한매일신보》가 보도하자 정부는 도쿄박람회 측과 교섭하여 200여 원을 지급하고 박람회에 전시된 조선 여성을 귀국시켰다.

이 사건이 있은 지 얼마 후 1907년 9월 1일부터 11월 15일까지 경성박람회가 개최되었다. 대한제국과 일본이 공동으로 주최한 행사였지만 박람회장은 통감부의 총무장관이 맡았다. 대한제국 정부는 25,000원이라는 거액을 후원했다. 경성박람회를 널리 홍보하기 위해 서일까 기생을 불러 공연도 시켰다. 이준용과 조중응이 기생들의 가무를 구경했다. 대한제국 황태자, 이토 히로부미와 하세가와 요시미치, 이완용도 참석했다. 가히 국가적 행사였다. 그런데 1907년은 헤이그밀사사건, 고종의 강제 퇴위, 대한제국 군대 해산, 전국 의병 봉기 등 비상시국이었다. 이런 상황에서 일본은 불안한 시국을 잠재울 처방이 필요했고, 그 방편으로 박람회라는 이벤트를 개최했던 것이다. 경성박람회 출품 물품 중 약 95% 가량은 일본인이 출품한 것이었다.

1907년 10월 15일자《대한매일신보》는 논설을 통해 경성박람회를 비꼬았다. 경성박람회 개회식의 불놀이는 아름다운 구경거리이지만, 눈을 돌려 어느 시골에서 의병과 일본 병사들이 놓는 불도 생각해야 한다고 말이다. 경성 인민들이 경성박람회라는 장대한 스펙터클에 눈을 빼앗긴 사이, 또 다른 곳에서는 대한제국 인민의 피눈물을 빼는 광폭한 스펙터클이 펼쳐지고 있었던 것이다.

1908년 개관한 박물관, 동물원, 식물원도 일본 제국이 대한제국 황실의 위상을 격하하기 위한 방편으로 기획된 사건이었다. 박람회가 일본 제국의 힘을 과시하는 이벤트였다면, 박물관은 그러한 이벤트를

이도영, 《대한민보》, 1909. 11. 16. "박물관은 무엇이냐. 다 날아갔는데." 과연 뭐가 다 날아갔다는 것일까. 대한제국에 박물관이 설립되면 무엇할까. 이미 상당수 유물이 일본으로 다 날아가 버렸는데.

상시적으로 연출하는 공간이었다. 또한 황실의 박물관, 동물원, 식물원은 일본인들의 조선 관광 코스 중 하나였는데, 이는 일본인들에게 자국의 '신영토'를 견학시키는 행위와 같았다.

이도영은 시사만평에서 "박물관, 동물원, 식물원은 지식발달과 학문진취에 제일이니 어서어서 가보시오"라고 말했다. 이 말이 반어법이기를 바랄 뿐.

14장

일본 관광단

—그 모양 원숭이와 같네

모든 단체관광 이벤트는 여행자가

'보고 싶은 것'을 보는 게 아니라

주최 측이 '보여주고 싶은 것'을 보는 일이다.

한국인 일본 관광단에게 대한제국은

한없이 초라하고 가망 없는 나라로 비쳤다.

송병준을 암살하라

1909년 2명의 자객이 비밀리에 선발되었다. 그들은 특수 임무를 명받았다. 일본 도쿄에 머물고 있는 매국노 송병준을 암살하라는 명령이었다. 1909년 2월 순종은 지방 순행을 떠났다. 이때 내부대신 송병준은 시종무관 어담과 충돌하여 한바탕 난리를 피웠다. 내부대신에서 물러난 송병준은 곧 일진회 총재가 되었고, 일본 도쿄로 건너갔다. 자객들은 도쿄에 있는 송병준 암살을 위해 '일본 관광단'에 잠입했다한다.

1909년 4월 11일 오전 8시 50분발 기차를 환송하기 위해 수많은 군중이 남대문 역에 모였다. 군악대의 힘찬 연주와 함께 군중의 환호 소리로 역사가 쩌렁쩌렁 울렸다. 신문사 추산 2만여 명이었다.《경성일보》에서 주최한 '일본 관광단'을 위한 환송회 자리였다. 이 관광단에 송병준을 암살할 자객들이 포함되어 있다는 소문이 돌았다. 이를 탐지한 일본 경찰들이 사실 유무를 확인했다. 그러나 확실히 알 수는 없었다. 소문만 무성할 뿐이었다.

그렇다면 왜 하필 일본 관광단이 출발하는 시점에 송병준 암살이라는 낭설이 퍼진 것일까. 일본 관광단은 일본인이 발행하는《경성일보》주최로 기획된 대규모 전시성 단체관광 이벤트였다. 일본 측에서 주최하고 직접 관광단원을 선발했으니, '적들'의 눈을 속이고 잠입하여 매국노를 죽일 수 있는 가장 적절한 기회라 여긴 사람들의 상상력이었을까. 그보다는 암살단 잠입이라는 이슈를 만들어 일본 관광단 행사에 어깃장을 놓으려는 사람들이 퍼뜨린 루머가 아니었을까.

새 양복 떨쳐입고 활개치며 가는 모양 원숭이와 방불하다

> 모자를 집어쓰고 신을 신고 지팡이를 끌고 남대문으로 향하여 가서 보니, 슬프다 장관이오, 가관이로다. 관광단을 보내는 전별 특문이 반공半空에 솟아 있고 관광단을 보내는 전별기는 바람에 나부끼는데, 한편에는 군악이 자지러지고, 또 한편에는 일본인의 꽃과 기가 난만하며, 또 한편에는 각 대관들이 둘러섰더니 홀연 기차에서 한마디 삑 하는 소리가 나며 차는 떠나는데, 관광단 만세라 하는 소리가 천지를 진동하더라.
>
> 〈관광단 보내는 일〉, 《대한매일신보》, 1909. 4. 14.

일본 관광단 행사는 형식상으로 《경성일보》 주최였다. 《경성일보》는 초대 통감 이토 히로부미의 명령으로 창간된 통감부 기관지였다. 그러니 조선인 일본 관광단 행사는 통감부 정책에 협력하는 일이었다. 《경성일보》의 일본 관광단은 어떤 면에서 1906년 일본 《아사히신문》이 주최한 만주·한국 관광단 행사와 유사했다. 《아사히신문》은 러일전쟁에서 일본이 승리한 후 일종의 미디어 이벤트를 실시했는데, 그것이 바로 만주·한국 관광단 행사였다. 이 관광단은 일본 최초의 대규모 해외 단체관광 이벤트였다. 행사에 참여한 인원은 약 370여 명이었다. 일본인들은 한국과 만주를 관광하면서 러일전쟁의 격전지와 승전지를 구경하는 등 일본 제국의 위대한 업적을 몸소 체험하는 기회를 가졌다. 《아사히신문》의 미디어 이벤트로 만주와 한국을 관광한 일본인들에게 관광은 여행이라기보다 하나의 '성지순례'에 가까운 행사였다.

《경성일보》와 통감부의 미디어 이벤트로 기획된 일본 관광단 행사는 일선융합을 위한 사전 포석 작업이었다. 대한제국의 유생, 경제계, 언론계, 정치계 유력인사들이 앞다투어 일본 관광단에 참여했다. 당초 50명으로 기획되었던 일본 관광단은 결국 110명으로 2배나 불어났다. 일본 제국주의 정책에 반기를 들었던 언론이나 지식인들은 일본 관광단 행사의 본뜻을 간파하고 있었다. 그들은 일본 관광단이 "기기괴괴한 관람장을 방문할지라도 우리는 4,000년 신성한 대한 국민이라. 어떠한 요괴로운 무리가 어떠한 감언이설로 꾀일지라도 우리는 속지 아니하리라"는 마음가짐으로 떠나기를 바라고 또 바랐다. 일본이 보여주는 화려한 문명의 이기에 현혹되지 말고 진정 나라를 위할 방책을 강구해주길 바랐던 것이다.

관광단, 관광단 하니 무엇을 할 관광단인가. 제 집 형편 살펴보면 관광할 꼴 전혀 없네. 제 나라에 있을 때도 남의 지목받던 인물 외국까지 건너가서 숭 보이려고 관광인가. 문명 제도 수입코저 열심 나서 관광인가. 그 행동이 괴상하다.
떠나갔네, 떠나갔네, 관광단이 떠나갔네. 동포 구제 고사하고 제 친족이 죽는데도 돈불고견頓不顧見하던 심장 관광 여비 쓰려 하고, 가사家舍까지 전당했네. 관광하기에 저럴 때야 대신이나 시킨다면 나라마저 아니 팔까. 그도 역시 가려로다.

제군들아, 제군들아. 호랑에게 물려가도 정신들만 차리면 살 도리가 있다하니, 대판 동경 번화장을 두루 관광할 때마다 본국 정형 생각하고 아무쪼록 정신 차려 문명 제도 배워다가 너희들도 남과 같이 보국안민할지어다.

<시사평론>, 《대한매일신보》, 1909. 4. 15.

일본 제국주의를 비판한 지식인들의 바람과 일본 관광단의 마음은 동상이몽이었다. 일본 관광단은 일본 제국이 철저하게 준비한 동선을 따라 일본을 여행했다. 여행 기간은 약 한 달 남짓이었다. 일본 관광단은 시모노세키, 오사카, 나라, 교토, 도쿄 일대의 명승지와 산업시설을 관광(시찰)했다. 한국인 일본 관광단은 시모노세키에 도착하자마자 성대한 환영을 받았다. 그들은 일본 명승지와 에다미쓰技光 제철소, 구레 해군 공창, 우에노 공원, 미쓰코시 백화점, 아오야마 연병장, 닛코 등을 방문했다.

일본 관광단의 관광 코스는 일본의 유구한 전통을 자랑하는 사적과 최신 근대 문명의 이기를 전시하고 생산하는 장소들로 구성되어 있었다. '일본의 전통과 문명의 진보'가 일본 관광단 여행 코스의 캐치프레이즈였는지 모른다. 그러나 이러한 일본의 자랑거리가 일본 제국과 맞선 한국의 지식인들에게는 '기기괴괴한 관람장'에 불과했다.

일본 미쓰코시 백화점 전경, 1930년대(위), 일본 관영 야하타八幡 제철소 전경, 1901년(아래).

선심성 관광 이벤트에 현혹되다

일본 제국의 바람대로 한국인 일본 관광단은 귀국 후 일선융화에 앞장섰다. 모든 단체관광 이벤트는 여행자가 '보고 싶은 것'을 보는 게 아니라 주최 측이 '보여 주고 싶은 것'을 보는 일이다. 일본 측이 '보여 주고 싶은 것'을 열심히 보고 돌아온 한국인 일본 관광단에게 대한 제국은 한없이 초라하고 가망 없는 나라로 비쳤다.

일본 관광단원들은 대한제국으로 돌아와 전국을 돌며 지방 순회 연설을 다녔다. 정봉시는 강원도로, 정운복은 황해도로, 정만조는 전라남도로 떠났다. 연설은 대부분 일본인들의 환대, 일선융화, 일본의 지도를 받아 문명국이 되자는 내용으로 채워져 있었다. 그러나 이들의 지방 순회 연설이 성공적인 것만은 아니었다. 지방 민심은 일본 관광단의 경험담에 목말라하지 않았다.

1909년 제1차 일본 관광단 이벤트가 나름 성공적으로 끝나자 1910년 4월에는 제2차 일본 관광단이 꾸려졌다. 그뿐만 아니라 제2차 일본 관광단 이벤트를 전후로 대한제국 전역에서 일본 관광단이 꾸려지기도 했다. 제2차 일본 관광단의 일원이었던 전 시종부경 박기순은 일본 관광을 마치고 돌아와 《관광약기觀光略記》(1910년)를 썼다. 이 기행문에서 박기순은 한국은 스스로 철도를 놓을 능력도 없으면서 말로만 인민의 안락을 도모하는 어리석은 행동을 취하고 있다고 말한다. 이에 비해 그의 눈에 비친 일본은 어떤 모습이었던가.

(일본은) 국광國光이 밝게 빛나고 인심이 화합하고 백폐百廢가 모두 흥하고

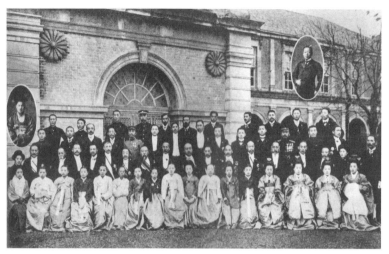

한일병합에 찬성한 조선의 귀족들이 부부동반으로 근대화한 일본을 관광하던 중 촬영한 기념사진, 1910년.

만상萬象이 다 같이 기쁨은 족히 경탄할 만하다.

박기순, 《관광약기》, 일호서림, 1910, 51쪽.

　제2차 일본 관광단 이벤트가 끝난 후 대한제국은 곧 역사 속으로 사라졌다. 그리고 1910년 10월 한일병합에 공로를 세운 조선의 귀족들로 꾸려진 조선귀족관광단이 일본으로 관광을 떠났다.
　한국 사람들만 일본으로 떠난 것은 아니었다. 가는 게 있으면, 오는 게 있다는 만고의 진리처럼 일본인 조선 관광단 이벤트도 거행되었다. 조선 관광단 이벤트는 1909년 6월과 9월에 진행되었다. 조선 관광단이 입국하기 전부터 일본에 빌붙으려는 많은 조선인이 조선 관광난 환영 행사를 순비했다. 평양의 한 관리는 조선 관광단 환영식에 인민을 동원하기 위해 돈을 뿌리기도 했다. 반면 봉명학교 학생들은 조선 관광단 환영회 동원을 반대하며 시위를 벌였다. 1910년 순국한 매천 황현은 일본인 조선 관광단을 "모두 고기 대가리에 귀신 낯바닥 같은 하등 노동자들이었다"고 폄하하며 불편한 심기를 드러냈다.

한국인 일본 관광단은 일본의 근대화에 압도되었다. 그들은 자신의 미래를 일본 제국에 맡기고 식민 권력의 나팔수가 되었다. 일본인 조선 관광단은 일본의 식민 통치 위업에 새삼 감탄하며 일본 제국에 충성을 다짐했으리라. 이처럼 일본 관광단과 조선 관광단 이벤트가 주거니 받거니 하면서 진행되는 동안 대한제국은 일본의 식민지로 전락해가고 있었다. 대한제국은 사라졌지만, 민심을 현혹하여 그들을 권력의 나팔수로 동원하려는 선심성 '관광 이벤트'는 여전히 우리 일상 속에서 진행 중인 것은 아닐까. 선거철이 돌아오거나 정치인들이 해외 연수를 떠날 때마다 그런 생각이 문득문득 떠오르는 것은 왜일까.

행사 동원을 거부한
학생들의 최후

조선이 세계 여러 나라에 문호를 개방하자 관官 주도의 행사가 많아졌다. 외국 주요 정치가들이 조선을 방문하면 환영회를 열었다. 한국 정치가들이 외국을 방문하고 돌아올 때도 환영회를 열었다. 서울 사람이 부산이나 함경도에 다녀오는 것이 아니었다. 미지의 세계인 외국으로 떠나는 것은 '목숨'을 건 모험이었다. 그래서 대한제국 시기 외국으로 떠나는 사람들에 대한 환송회나 환영회는 각별한 행사일 수밖에 없었다. 최초의 수신사였던 김기수의 환송회도 그랬다. 잠시 그 풍경을 보자.

비록 활달한 대장부라도 모두 무사히 빨리 돌아오라고 정녕히 부탁하기를 마지않았으니, 실상은 나의 일을 위태롭게 여겼기 때문이다. 나이 많은 여동생과 어린 딸은 기일 전에 와서 병든 아내와 함께 억지로 이야기하고 웃기를 평상시와 같이 하나, 그들이 바느질과 주식酒食 보살피는 일에 더한층 마음 쓰는 것을 보면, 서운하게도 장차 내가 집에 돌아와 다시 밥 먹고 옷 입지 못할 것으로 여기는 모양이다. 그러나 나는 태연하게 마음을 움직이지 아니하였다. 가묘家廟에 가서 하직 인사를 할 때에는 갑자기 마음이 감격해졌으니, 고로여생孤露餘生(어릴 때 부모를 여의고 의지할 데가 없는 사람)이다만 날마다 가묘에 뵙는 것으로서 조금이라도 '예전의 효자들이 종신토록 그 부모를 사모한다'는 정성을 본받으려 한 것이, 이제 만 리나 되는 바닷길을 떠나게 되니 뒷일을 기약할 수가 없게 되었기 때문이다. 무쇠 같은 간장肝腸일지라도 또한 굵은 눈물이 떨어짐을 어쩔 수가 없었다.

김기수, 이재호 역, 《일동기유》, 민족문화추진회, 1977(1877), 354쪽.

1876년 김기수가 일본에 외교사절로 떠날 때, 그는 혹시 모를 불행에 대비하여 신변을 정리했으며, 일가친척과 친우들이 모여 그의 무사귀한을 간절히 바라며 환송회를 마련했다. "무쇠 같은 간장"을 지닌 사내대장부일지라도 자신을 보호하고 있는 안온한 울타리를 떠나게 될 때 "굵은 눈물"을 툭툭 떨어뜨리는 것은 인지상정인지 모른다. 떠나는 김기수를 보며 가족들은 진정 그가 "집에 돌아와 다시 밥 먹고 옷 입지 못할" 두려움에 휩싸였을지도 모를 일이다. 친구나 가족이 타향으로 떠날 때 송별하거나 무사 귀환했을 때 환영하는 것은 그리 특별한 일이 아닐 수 있다. 그러나 누군가에게 잘 보이려 관 주도 행사에 사람들을 강제 동원하는 것은 분명 잘못된 일이자 권력 남용이다.

1907년 일본 황태자가 대한제국에 방문한다고 했다. 일본 제국에 협력한 사람들은 자진해서 환영회를 구성하고 사람들을 강제로 동원했다. 남대문 앞에는 대형 아치를 세웠다. 일본 황태자를 환영하기 위한 선전물이었다. 대형 아치 위에는 태극기와 일장기를 나란히 달고 '봉영奉迎'이라고 써놓았다. 그리고 일본 황태자의 편한 입성을 위해 성곽을 헐어내고 길을 만들었다. 봉영이라! 도대체 무엇을 '받들어 맞이한다'는 것일까.

일본 황태자의 대한제국 방문 기념사진, 1907년. 앞줄 한가운데 선 사람이 일본 황태자이며, 그 오른쪽으로 대한제국 황태자 이은, 한 사람 건너 이토 히로부미이다. 둘째 줄 왼쪽부터 이병무, 이완용, 도고 헤이하치로, 가쓰라 타로, 한 사람 건너 조중응 등이 함께 사진을 찍었다.

일본 황태자 대한제국 방문 기념 우편엽서, 1907년. 순종황제(왼쪽), 일본 황태자(오른쪽).

1909년 일본인 관광단이 대한제국을 방문한다는 소식이 저잣거리를 떠돌았다. 대대적 환영회를 준비하는 사람들이 우후죽순 생겨났다. 학생들은 환영회 행사에 동원되어 깃발을 흔들어야 했다. 설마 좋아서 참여했겠는가. 학생들은 학교 이사장과 교장과 학생 주임의 압력에 못 이겨 각종 행사에 동원되었다.

1909년 6월 12일자 《대한매일신보》는 행사 동원을 거부한 학생들의 의기를 열렬히 칭찬했다.

> 장하다, 봉명학교 학생들이여! 용맹하다, 봉명학교 학생들이여! 우리는 그 학생들을 사랑하노라. 장하다, 봉명학교 학생들이여! 용맹하다, 봉명학교 학생들이여! 우리는 그 학생들을 대하여 절을 하노라! (중략) 이번 일본인 관광단이 들어올 때, 그 학교 교주 이봉래 씨가 학생을 지휘하여 관광단을 환영하고자 했다. 학생들은 분연히 일어나 반대했다. 우리는 대한제국 남자다. 아무리 교주校主의 명령이 엄하고 학감의 위협이 있을지라도 일본 국기를 들고 일본에서 오는 자들을 환영함은 차라리 죽을지언정 아니하겠노라. (중략) 이봉래 씨는 일찍이 회개할지어다.
>
> 〈학생계의 새 광채〉, 《대한매일신보》, 1909. 6. 12.

사건은 서울의 봉명중학교에서 일어났다. 이 학교 이사장은 일본인 관광단이 대한제국을 방문한다고 하자 환영회를 준비했다. 이사장의 권력을 이용하여 학생들을 동원할 계획이었던 것이다. 이때 봉명중학교 이사장은 한성미술품제조공장의 대표였던 이봉래이다. 이봉래의 명령을 받은 봉명중학교의 학생주임은 학생들을 일본인 관광단 환영

이도영, 《대한민보》, 1909. 7. 3.
학생의 본분은 공부? 아니지. 학교장의 명령에 순종하는 것이지. 공부보다 중요한 건 국가 행사에 동원되어 손을 열심히 흔드는 것이지! "공부는 언제 해"라는 문구가 인상적이다.

회에 동원하려 했다. 그런데 학생들이 동원 거부 의사를 직접 내비쳤다. "차라리 죽을지언정" "일본 국기를 가지고" 환영회에 참가할 수 없다는 것이었다. 일본인 관광단 환영회에 나가는 것은 이봉래가 "우리를 유인하여 노예의 굴로 몰아넣으려"는 것이자 "우리를 위협하여 마귀가 되게" 하는 것이라며 학생들은 집단 반발했다. 그리고 집단 자퇴를 결행했다.

　물론 기성세대의 비판도 있었다. 아무리 이사장이 잘못했다 한들 배우는 학생의 입장에서 집단 자퇴를 결행한 것은 학생의 본분을 저

이도영, 《대한민보》, 1909. 7. 17.

1909년 7월 5일이었다. 일본에 머물던 이토 히로부미가 다시 서울에 왔다. 그는 태황제 고종과 순종황제를 만나 일본 천황이 보낸 선물을 전했다. 일진회는 황금 100냥으로 만든 병을 이토에게 선물로 주었다. 태황제와 순종황제도 금으로 만든 꽃병을 이토 히로부미에게 보냈다. 이토가 서울에 온 목적은 대한제국 사법권을 일본 제국으로 위임시키기 위해서였다. 7월 14일 이토가 떠나는 날, 시종원경 윤덕영과 승녕부총관 조민희, 그리고 이재곤, 임선준, 이병무 등이 인천항까지 가서 그를 전송했다. 대한제국 사법권이 일본으로 넘어간 것이 슬펐을까. 아니면 자신들의 든든한 후원자가 떠나는 것이 슬펐을까.

버리는 행동이라는 이유에서였다. 하지만 《대한매일신보》는 "마귀 학교"에서 "마귀 교주校主"에게 교육받게 되면 "마귀의 마음만" 자랄 것이니, 이보다는 불의에 대항하여 집단 자퇴한 "학생의 독립사상"과 "학생의 애국정신"이 더 고귀한 것이라고 칭찬을 아끼지 않았다.

학생들의 집단 자퇴로 일본인 관광단 환영회의 학생 동원 문제가 일단락되는 것처럼 보였다. 그러나 1910년 봉명중학교는 또 한 차례

걷잡을 수 없는 수렁에 빠지고 만다. 이봉래가 학생들이 이사장과 교사들을 위협하는 행동을 한다는 이유로 봉명학교를 폐교해버린 것이다. 그 후 저잣거리 사람들에게 일본 제국의 협력자라고 매서운 손가락질을 당하던 이봉래는 이를 무마하기 위해 꼼수를 부린다. 전 재산을 사회에 기부하는 듯한 포즈를 취하고, 학교를 세워 장학 사업을 펼친 것이다. 전 재산 사회 환원과 장학재단 설립이야말로 저잣거리 사나운 민심을 진정시키는 위대한 꼼수와 명분이 아니겠는가. 그러나 그는 끝내 제 버릇을 고치지 못했다. 《대한매일신보》는 이런 이봉래를 향해, "오호 애재라, 이봉래 씨야 어느 곳 지옥으로 들어가고자 하느뇨!"라며 개탄했다.

15장

얼개화꾼

─기생 롱운의 반격

교육계에 종사하는 분들이여,

국민의 혈성을 다하여

열심히 교육에 임하시오!

나도 일본으로 유학 가서

열심히 공부할 작정이오.

비루한 계집의 말이라 생각하지 마시오.

악의 축과 얼개화꾼

계몽의 시대였다. 인민의 무지몽매 타파가 계몽의 핵심이었다. 최종 목표는 분명부강한 국가 건설이었다. 고종 또한 계몽된 세상, 문명화된 세상을 꿈꾸었다. 계몽되지 않는 자, 계몽되지 않는 풍속이야말로 계몽의 적이자 문명부강의 적이었다. 게으른 자, 아편을 피우는 자, 노름에 빠진 자, 무당을 불러 굿하는 자, 기생의 치마폭에 빠져 허우적거리는 자, 이 모두 계몽의 적이자 문명화를 위해 꼭 척결해야 하는 '악의 축'이었다.

특히 무당, 기생, 노름꾼, 부랑 잡배 등은 국민이 아닌 자, 즉 '비국민'으로 매도되었다. 계몽 지식인에게 무당은 인민의 불안한 마음을 이용해 돈을 갈취하는 사람이었고, 노름꾼은 일확천금을 미끼로 서민의 삶을 시궁창으로 내모는 자였으며 기생은 인간의 성적 욕망을 부추겨 가정을 풍비박산 내는 음탕한 요부였고 부랑 잡배는 국가와 민족을 위해 어떤 일도 하지 않고 놀고먹는 패륜아였다.

국가의 발전, 민족의 미래를 위해 비국민을 더 이상 조선 땅에 발붙이지 못하게 하는 것이 어쩌면 대한제국 시기에 펼쳐진 계몽 사업의 중대한 목표 중 하나였다. 그들은 한 나라의 부끄럽고 수치스러운 대

계몽 시대, 무지몽매한 기생은 부끄럽고
수치스러운 대상에 불과했다.

상에 불과했다. 무당, 기생, 노름꾼, 부랑 잡배 등을 싸잡아 비판하는
대표적 논조 중 하나는 이들이 무지몽매하다는 것이었다. 이들의 무
지몽매함은 근대식 교육을 받지 못했기 때문이라 여겼다. 교육으로
이들을 인도한다면 언젠가 이들도 국가와 민족을 위해 뜻깊은 일을
할 수 있으리라 믿는 계몽 지식인도 있었다.

　무당, 기생, 노름꾼 등이 나라의 발전을 가로막는 걸림돌이자 악의
축이었다면, 얼개화꾼은 악의 축은 아니었으나 당시 계몽 지식인들에
게 상당한 골칫거리였다. 얼개화꾼은 겉개화꾼이라고도 불렸다. 이들
은 문명개화의 중간적 존재였다. 얼개화꾼은 신식 학문을 배운 자였

지만, 배움의 목적을 국가와 민족의 발전에 두지 않았다. 그런 의미에서 얼개화꾼은 대한제국 시기 근대식 교육을 국가 발전의 기초로 생각한 열혈학생들이나 구질구질하고 무지몽매한 일반 인민, 그리고 구시대적 전통에 목숨을 거는 강경한 보수층과 구별되는 독특한 존재였다. 얼개화꾼에게 중요한 것은 르네상스적 교양인이 되는 것이 아니었다. 문명개화 풍조와 근대 세계로 전진하는 시대의 흐름을 기회로 삼아 자신 삶의 표지를 서구적으로 바꾸는 것이자, 근대화된 세상을 즐기는 것이었다. 애국심으로 충만한 학생들은 얼개화꾼과 자신을 구별 지으려 했으며, 인민은 문명개화의 껍데기만을 모방하는 얼개화꾼을 비판함으로써 문명개화에 앞장서지 못하는 자신의 처지를 정당화하기도 했다.

계몽의 트릭스터

얼씨고도 절씨고
조리조리 좋을시고 (중략)

충군하랴도 이리 오고
애국하랴도 이리 와 (중략)

나라 위하여 죽으려면
교육에 힘쓰다 죽을지오

돈 모아 자손 주지 말고
학교 세워서 사업하소

의병형제 총부리 돌려
교육 않는 자 쏘아주소

누가 교육에 방해커든
그때 일심코 일내세

〈학교가〉,《대한매일신보》, 1907. 9. 7.

　근대식 교육이야말로 문명개화의 기초이자 문명부강의 지름길이라
생각한 사람들에게 교육을 방해하거나 교육에 방만한 자들은 척결 대
상일 수밖에 없었다. 교육을 향한 일부의 염원은 집단적 광기로까지
치닫고 있었다. 하지만 문명개화론자뿐만 아니라 변화하는 세상이 낯
설지만 어렴풋하게나마 문명개화에 대해 긍정적 시선을 보인 사람조
차 얼개화꾼의 행태를 보며 문명개화와 거리를 두기 시작했다. 얼개
화꾼의 어처구니없는 행태는 연일 신문 지면에 오르내렸다.

　양복 입고 단발하니 외면개화 선명하다 인민단체 말뿐이오 국가사상 실속
없다.

〈시사평론〉,《대한매일신보》, 1907. 12. 28.

　근일 한성 내에 우산 받고 구두 신고 양복을 선명히 입고 다니는 자가 개

계몽의 트릭스터 얼개화꾼에게 문명개화란 하나의 놀이이자 패션이었을 뿐.

명한 부인으로 알았더니 배반이 낭자하고 음악이 질탕한 매음가 좌석에
화초로 앉았구나.

〈시사평론〉, 《대한매일신보》, 1907. 12. 5.

단장 짚고 궐련 무니 개화양반 분명하다 제 풍속은 비방하고 외국법만 좋
다 하는구나.

〈시사평론〉, 《대한매일신보》, 1908. 1. 15.

얼개화꾼에게 문명개화는 일종의 '패션'이었다. 문명개화가 매국적
행위라는 말이 심심찮게 떠돌아다닌 시기에 얼개화꾼이라는 존재는
문명개화의 이미지를 더욱 나쁘게 만들었다. 얼개화꾼은 문명개화의
중간적 존재로서 문명개화의 어두운 면이자, 새로운 질서의 일상적
안착을 교란시키는 장난꾸러기 훼방꾼, 소위 계몽의 트릭스터trickster

였다. 이런 얼개화꾼의 행태를 향해 한때 악의 축으로 몰렸던 기생이 비판을 가했다. 기생 '롱운'은 얼개화꾼뿐 아니라 문명개화를 빌미로 삶을 탕진하는 모든 지식인을 향해 거침없는 비판을 쏟아내었다.

배운 자들이여 부끄러운 줄 알라

> 우리 이천만 동포 자매들이여. 깊이 생각할지어다. 오늘날은 생존경쟁의 시대이다. 만국이 서로 교통하고 각 요해처에 항구를 열어 만국 사람들이 분답게 섞여 사는 때다. 이런 때에 무슨 일이 바쁘지 아니하리오. 우리나라의 지금 형편을 보건대 이 천한 여자의 생각으로는 결단코 교육을 완전히 성취하지 못하여 남의 웃음을 살까 걱정하노라.
>
> 기생 롱운, 〈교육이 제일 급선무〉, 《대한매일신보》, 1908. 5. 22.

롱운은 인천 기방에서 기생을 업으로 삼고 있었다. 18세 여성의 눈에 비친 경성은 어땠던가. 비록 천한 여자이지만 교육이야말로 이 나라 가장 시급한 문제라 판단한 롱운에게 경성은 교육의 메카이자 문명개화의 상징적 도시였다. 경인선을 타고 경성에 올라온 롱운은 경성의 유명한 학교와 연극장 등을 둘러본다. 학교와 연극장이야말로 문명개화의 상징적 공간이었으니 롱운의 선택적 경성 유람은 어느 정도 성공한 셈이었다.

경성 교육계에 대한 기대가 컸던 만큼 롱운의 실망도 컸다. 롱운의 눈에 비친 문명개화된 사람들의 모습은 하나같이 한심스럽기 짝이 없었다. 겉모양만 서양식으로 번지르르하게 꾸민 사람들 천지였다. 그

근대식 학교 교실 전경, 1909년.

들은 양복 입고, 안경 쓰고, 머릿기름 바르고, 구두 신고, 파나마모자 쓰고, 지팡이 짚고 다니며 문명개화된 사람인 척 젠체하는 부류였다. 더욱이 고상한 교육가들은 입으로만 문명개화이니, 독립이니, 교육 확장이니 떠들 뿐, 실천에 옮기는 것은 도무지 없었다. 롱운은 이들을 얼개화꾼이나 협잡꾼이라 여기고, 이들이야말로 "교육계의 마귀"라고 비난한다. 그러나 어디 얼개화꾼뿐이었을까.

　롱운은 근대식 학문을 배우는 학생들에게도 비판의 화살을 날린다. 학생이란 자들이 틈만 나면 연극장에 가서 음탕한 요부들과 어울리고, 음담패설이나 주고받으니 어찌 교육이 발전할 수 있겠냐는 것이다. 롱운에게 경성은 더 이상 '교육의 메카'가 아니었다. 롱운에게 경성은 이제 '문란의 메카'였다. 문명개화의 이면과 근대식 교육의 문제가 한때 악의 축이자 민족의 수치스러운 대상이었던 기생의 입에서 폭로되고 있는 셈이다.

롱운은 경성의 현실에 실망했으나 절망하지는 않았다. 롱운은 조선의 교육계를 향해, 조선의 문명개화를 신봉하는 자들을 향해 당부의 말을 남긴다. "교육계에 종사하는 분들이여, 국민의 혈성을 다하여 열심히 교육에 임하시오! 나도 일본으로 유학 가서 열심히 공부할 작정이오. 비루한 계집의 말이라 생각하지 마시오."

계몽가들이 문명개화의 적에게 날린 저주의 화살을 고스란히 되돌려 받는 형국이다. 그런데 국가의 수치, 민족의 부끄러운 대상으로 지목된 기생의 글을 《대한매일신보》는 왜 게재했을까. 편집진이 진정으로 바란 것은 기생을 계몽시키는 것이 아니라, 오히려 롱운이라는 기생의 글을 통해 당대 지식인이 보다 적극적으로 문명개화를 실천하라는 의도였을 터이다. 이는 최첨단 엘리트라고 자임하던 지식인들에게 수치와 부끄러움을 주기 위한 신문 편집진의 전략인 셈이다. 신문 편집자의 직설적 표현은 이렇지 않았을까. "너희보다 못한 자도 이렇듯 훌륭한 뜻을 품고 있거늘, 저 천한 것도 이렇게 국가의 발전을 걱정하거늘, 너희는 도대체 무엇을 하고 있느냔 말이다! 이 천한 기생보다 못한 것들아!"

근대식 훈장,
입신출세의 상징이 되다

얼개화꾼은 서구의 패션을 모방하면서 개화된 세상의 주인인 양 활개를 쳤다. 어디 얼개화꾼만 서구 제도를 모방했던가. 대한제국 많은 제도가 일본의 영향력하에 서구의 제도와 풍속을 모방했다. 의복과 훈장제도 역시 그렇다.

흰 옷 금지령과 단발령을 실시함에 따라 서구식 의복제도가 조선에 유입됐다. 먼저 왕과 관료가 복장을 바꿨다. 1907년 이후에는 고종과 순종 그리고 여타 다른 관리의 복장도 모두 서구식 예복으로 바뀌었다.

1909년 6월 15일 경회루에서 파티가 열렸다. 1909년 6월 17일자 《대한매일신보》는 이때 벌어진 사건을 보도했다. 기사 제목은 "한복 괄대"였다. 이유인즉슨 경회루 파티에 온 사람들 중 한복을 입고 참석한 사람을 내쫓았기 때문이다. 요즘 말로 하면 드레스 코드가 맞지 않았던 것이다.

복장은 자신의 신분을 과시하는 장치이자, 사회적 계급을 구별 짓는 표시이다. 복장뿐만 아니다. 전 시대에는 존재하지 않던 '훈장'이 생기자 훈장의 유무와 종류에 따라 사회적 신분과 위상과 권세가 달라졌다. 한국의 훈장제도는 1899년 표훈원이 설립되면서부터이다. 물

이도영, 《대한민보》, 1909. 6. 17.
양복을 입은 세 마리 원숭이. 이제 다
른 사람 흉내는 그만. 문명화는 겉모
양만 흉내 낸다고 되는 일이 아니지.
삶이 바뀌어야지.

론 표훈원의 훈장제도는 일본의 제도를 빌려온 것이었다. 훈장 만드
는 도구도 일본에서 가져왔다.

　표훈원이 설립되기 이전, 1896년 7월 28일자 《독립신문》 논설은 훈
장제도 설립에 관한 이야기를 다룬다. 왕이 훈장을 하사하는 것은, 첫
째 그 나라 발전에 공을 세운 사람에게 훈장을 주어 애국 애민하는 정
신을 기념하고 널리 알리기 위해서이며, 둘째 국제적 외교관계의 친
밀함을 도모하기 위해서이다. 1899년 제정된 표훈원의 훈장제도를 보
면, 훈장의 종류는 총 7종이었다. 금척대훈장金尺大勳章, 서성대훈장瑞星

이도영, 《대한민보》, 1909. 6. 18.
번쩍, 번쩍, 무슨 공이 있어 그 많은
훈장을 달았나. 훈장이 하나씩 늘어
날 때마다 대한제국 앞날에 먹구름
은 더욱 짙어간다.

大勳章, 이화대훈장李花大勳章, 태극장太極章, 팔괘장八卦章, 자응장紫鷹章,
서봉장瑞鳳章이다. 금척장, 이화장, 서봉장의 경우 하사금은 2,000원 이
상이었으며, 연금은 600원에서 1,000원 사이였다.

　1905년부터 대한제국 '백성들' 중 일본에서 훈장을 받는 경우도 많
았다. 특히 1905년, 1907년, 1909년, 1910년에 일본 정부로부터 훈장
을 받은 대한제국 백성들은 대부분 일제 협력자였다. 1907년 통감부
주최 파티가 열렸는데, 농상공부대신 송병준은 정부 각 부처에 전화
를 걸어 대례복을 착용하고 일본에서 받은 훈장을 달고 참석할 것을

통보하였다. 같은 해 일본 황태자가 대한제국을 방문했다. 그러자 대한제국 정부는 일본 황태자 방문을 기념하기 위해 훈장 159개를 준비했다.

훈장의 취지는 애국 애민에 있었고, 때로는 각 분야에서 열심히 일한 사람을 치하하는 데 있었다. 그러나 1905년과 1907년 전례 없이 많은 훈장이 하사되었는데, 묘하게도 '을사조약'과 '정미7조약' 그리고 고종 양위와 순종 즉위 시기와 맞물려 있었다. 새로 황제에 오른 순종의 본심이었는지, 요식행위였는지 모르나 1907년 10월 25일 순종은 다음과 같은 명을 내린다. 《순종실록》의 기록을 살펴보자.

> 지금 정사를 새롭게 하는 때에 있어서 내각의 대신들이 충성을 다하고 의리를 지켜서 공적이 현저히 나타났다. 총리대신 훈勳 1등 이완용을 특별히 대훈大勳에 올려 서훈하고 이화장을 하사하며, 학부대신 훈 1등 이재곤에게 특별히 태극장을 하사하며, 탁지부대신 훈 2등 고영희, 군부대신 훈 2등 이병무를 모두 훈 1등에 올려서 서훈하고, 내부대신 임선준, 법부대신 조중응, 농상공부대신 송병준을 모두 훈 1등에 특별히 올려서 서훈하고, 각각 태극장을 하사하라.

이 시대에 지급된 모든 훈장이 다 그런 것은 아니지만, 훈장은 일종의 '당근'이었다. 일본이 대한제국 관료에게 내린 훈장은 한일병합을 위한 당근이었다. 반면 고종황제나 순종황제가 하사한 훈장은 '정말! 잘했다. 그러니 제발 잘 좀 하라'는 뜻의 역설적 당근이 아니었을까.

소문의 틈새 속
살아 숨 쉬던 사람들

소문에는 언제나 빈틈이 존재한다.

그 빈틈을 메우는 것은 사람들의

상상력이다.

파마는 신문이다

파마Fama는 소문의 여신이다. 그녀의 궁전은 만물이 내려다보이는 세상의 중심에 있다고 한다. 수천 개의 문이 언제나 활짝 열려 있는 파마의 궁전에는 세상 모든 웅성거림이 떠돌아다녔다. 파마의 궁전에는 침묵이란 존재하지 않았다. 그곳에는 사실인 것 같기도 하고, 거짓인 것 같기도 한 말들이 모여들었다. 언제나 세상 사람들의 경거망동, 공포, 선동, 기쁨, 반란, 맹신, 비밀 등이 식객처럼 붙어살았고, 파마는 이를 증폭시켜 온 세상에 퍼뜨렸다.

근대 초기 신문은 어찌 보면 파마의 후예였다. 파마는 말을 수집하고, 뼈와 살을 붙여 세상에 흘려보냈다. 신문은 구어로 된 소문을 수집하여 문어로 바꾼 후 대중을 향해 대량 살포해 불특정 다수의 마음을 흔들어놓았다. 소문의 특징은 사회적 긴장을 현실화한다는 점이다. 근대 초기 신문을 읽다보면 황당무계한 내용들이 종종 눈에 들어온다. 한 여성이 아이를 낳았는데 아이가 산모의 옆구리에서 나왔다, 산돼지와 말이 교미해 이상한 짐승을 낳았다, 큰 쥐가 아이를 물어 죽였다 등등. 과연 기자는 사실을 확인하고 쓴 것일까. 확언컨대 일종의 흉흉한 소문이었을 터이다.

소문의 여신 파마. 그녀의 궁전
에는 수천 가지 소문과 혼란스
러운 말들이 떠돈다.

황주군 영풍면 안심촌 이승각 씨의 부인은 본월 13일 밤에 해산을 하였는
데 어린아이의 머리가 둘이고 꼬리가 하나고 양경과 음문이 하나씩이다.
수죽동 임응귀 씨의 집에는 암탉이 병아리 하나를 깠는데 병아리는 눈이
하나고 입이 둘이다. 그 고을 서북 서치홍 씨의 집에는 고양이가 새끼 하
나를 낳았다. 그 새끼고양이는 눈이 하나고 코는 없다. 홍주군 내동 등지
에서는 암캐 하나가 새끼 하나를 낳았다. 그 새끼의 머리는 사람의 머리고
몸뚱이는 개의 몸뚱이라더라.

〈맹랑한 소문〉, 《대한매일신보》, 1910. 5. 22.

　당시 상식으로 이해할 수 없는 기사 대부분은 '출생'과 관련된 내용
이었다. 인간이든 동물이든 그 탄생은 신비롭다. 최첨단 과학이나 생

물학이 발전하지 않은 시절, 탄생의 신비를 푸는 것은 인간의 영역이 아닌 신의 영역으로 간주되곤 했다. 더군다나 '보편적'이지 않은 '특별한' 생명체의 탄생은 그 자체만으로 공포의 대상이 되었다. 남들과 다른 모습으로 태어난 생명체를 바라보는 일반의 시선은 차갑다 못해 저주에 가깝다. 머리가 둘이고 생식기가 둘인 아이, 눈이 하나고 입이 둘인 병아리, 눈이 하나고 코가 없는 고양이, 사람의 머리와 개의 몸뚱이를 한 강아지. 근대 초기 저잣거리 사람들은 남다른 모습의 생명체에 관한 소문을 들으며 어떤 생각을 했을까. "맹랑한 소문"이라 말하면서도 군이 그 내용을 신문 기사로 싣는 《대한매일신보》의 저의는 무엇이었을까. '상식'을 가지라는 뜻이었을까.

핼리혜성, 지구 멸망의 날

1910년 민심은 흉흉했고, 나라는 들썩였다. '맹랑한 소문들'이 저잣거리에 유통되고 있었으며, 마침내 1910년 5월에는 때 아닌 지구 멸망론이 등장해 대한제국 백성들을 공포로 몰아넣었다. 1910년 4월 29일 새벽 4시 5분이었다. 인천 관측소에서 혜성을 발견했다. 소문에 의하면 76년 만에 다시 찾아오는 핼리혜성이었다. 미국 캘리포니아 천문대는 끔찍한 예측을 내놓았다. 지구의 공전궤도가 핼리혜성의 꼬리와 겹쳐진다는 얘기였다. 만약 지구가 핼리혜성의 꼬리 사이를 지나면, 혜성의 꼬리에서 내뿜는 독가스와 열기 때문에 지구가 멸망하리라는 충격적 예측이었다. 지구 멸망의 날은 5월 18일이었다. 지구가 멸망한다는 소문은 삽시간에 대한제국 방방곡곡으로 퍼져나갔다. 교황이

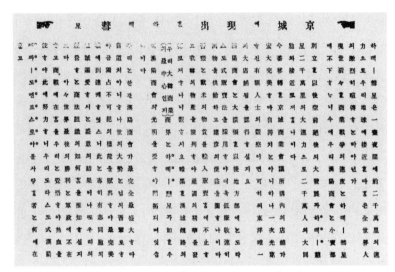

1910년 6월 9일자 《대한매일신보》에 실린 "경성에 출현한 핼리혜성" 기사.

나서서 인류를 구원해달라 기도한다는 등, 유럽 사람들이 땅굴을 파고 피신할 준비를 한다는 등 불길한 소문이 흘러들었다. 5월 18일이 점점 다가오자 민심은 더욱더 요동쳤다. 급기야 지구 멸망의 날 하루 전인 5월 17일 《대한매일신보》 편집진은 일종의 '대국민담화'를 발표했다. 미국 캘리포니아 천문대의 발언은 허무맹랑한 의견에 불과하니 절대로 경거망동하지 말라는 얘기였다. 물론 과학적 근거는 없었다. 드디어 5월 18일이 되었다. 그러나 정말 아무 일도 일어나지 않았다. 한바탕 해프닝에 불과했다.

지구는 멸망하지 않았다. 1910년 5월 19일 《대한매일신보》는 "혜성의 말을 해석하여 한국 동포를 경계하노라"라는 논설을 실었다. 내용의 골자는 한국인들이 어리석어 허무맹랑한 소문에 현혹되었다는 것이다. 덧붙여 이번 혜성 사건과 마찬가지로 한국인들은 어설픈 자신의 지식에 기대 작금의 현실을 판단하지 말며, 황당무계한 소문에 휘둘리지 말라 당부했다. 《대한매일신보》 편집진은 핼리혜성과 지구 멸망론이 일종의 풍설이었듯이 대한제국이 일본의 손아귀에 넘어간다는 것도 풍설에 지나지 않을 것이라며 인민을 단속하고 싶었을 게다. 그렇지만 대한제국은 지구 멸망론이 한바탕 해프닝으로 끝난 지 채 몇 달 지나지 않은 8월 29일 역사 속으로 사라지고 말았다. 지구는 멸망하지 않았지만 대한제국은 멸망했다.

지구 멸망과 기이한 생명체 탄생이라는 소문. 출생과 탄생의 문제는 인간이 온전히 이해하거나 극복하기 어렵다. 경험적 상식으로 이해할 수 없는 이 두 소문을 대한제국 사람들은 일종의 징조나 징후라 믿었을지 모른다. 큰 재앙이 몰아칠 것이라는 징조, 결국 대한제국이 멸망하리라는 징조. 어수선한 시국일수록 사람들의 마음을 현혹하는 다양한 소문이 낭자하기 마련이다. 소문은 언제나 상식보다 앞서나간다.

소문에서 중요한 것은 진위 여부가 아니라 소문 때문에 흔들리는 민심의 방향성과 그 과정이다. 그렇기에 가장 중요한 것은 시의성이다. 얼마나 시의성이 있느냐에 따라 소문의 위력은 달라진다. 그 다음 현실성을 갖추어야 한다. 현실성이 없는 소문은 사람들의 마음을 훔치지 못한다. 한편 소문에는 언제나 빈틈이 존재한다. 그 빈틈을 메우는 것은 사람들의 상상력이다. 그런 의미에서 기이한 생명체의 출현이나 지구 멸망론은 시의적절했고, 사람들은 그 소문의 빈틈을 저마다 상상력을 동원하여 채워나갔다.

우리가 진정 기억해야 하는 것은

1910년 8월 대한제국이 역사 속으로 퇴출되고, '식민지 조선'이 들어
서자 또 다시 저잣거리에는 실체를 알 수 없는 소문들이 떠돌아다니
며 민심을 불안 속으로 몰아넣었다.

> 경성은 유언비어의 시가이라. 풍설이 인심을 선동하고 이로 인해 그 영향
> 이 경향에 미쳤으며 기이한 현상을 나타내는 것이 적지 않은지라. 근일에
> 이르러 기괴한 풍설이 떠돌아다닌다. 지금 이후로 결혼법을 발포하여 21세
> 이상 남자와 17세 이상 여자의 결혼을 금지한다고 하며, 또한 결혼을 하면
> 세금을 징출徵出한다고 하며, 묘령의 여자는 일본인에게 강제로 시집보내
> 게 한다고 한다. 이러한 법이 시행되기 전에 대례를 거행하는 것이 좋다고
> 여겨 12, 13세는 말할 것도 없고, 7, 8세 남녀를 결혼시키는 사람들이 많으
> 며, 이들 중에는 벌족閥族 같은 인민의 사표가 될 자가 이런 유언비어에 미
> 혹되니 어찌 개탄치 아니하리오. (중략) 결혼세를 징출한다거나 묘령 여자
> 를 일본인과 강제로 결혼시킨다는 것은 모두 근거 없는 풍설이라. 당국자
> 는 이런 유언비어를 만들어 유포한 자를 탐지하여 박멸할 방침이라.
>
> 〈유언비어 물신勿信〉, 《매일신보》, 1910. 10. 12.

《매일신보》는 《대한매일신보》의 후신이다. 일본 제국은 대한제국을
식민지화한 후 당시 가장 영향력이 막강했던 《대한매일신보》를 사들
여 '대한' 두 자를 빼고 '매일신보'로 바꿨다. 한때 대한제국의 전투적
민족주의를 주창하며 일본 제국과 대결했던 《대한매일신보》는 이제

총독부의 기관지인 《매일신보》로 전락했다. 그러니 《매일신보》의 보도 주체는 일본 제국이었다. 일본 제국은 저잣거리 소문에 민감할 수밖에 없었다. 민심 이반이 커질수록 식민지 통치가 어려워질 수밖에 없었기 때문이다. 그런데 유언비어를 만들어 유포한 사람은 누구였으며, 그 까닭은 무엇이었을까.

만약 유언비어의 진원지가 망국 조선의 백성이라면, 그들은 왜 이런 유언비어를 유포했을까. 민심을 선동하여 일본 제국의 식민지 통치를 교란시키려 했던 것일까. 아마도 일본 제국의 식민지 통치에 대한 불안과 공포가 반영되어 국가 멸망을 개인의 멸종이나 소멸과 등치시킨 결과였을 터이다. 더 나아가 일본 제국의 대한제국 병합에 대한 불만을 우회적으로 비판하는 방법이었을 터이다. 결혼세나 강제 결혼의 소문뿐 아니라 수많은 근거 없는 소문이 저잣거리를 휘돌아쳤다. 1,000석 이상 수확하는 부자의 재산을 은행에서 몰수하고 매달 50전씩 월급 형태로 지급한다는 둥, 여성 의복을 일본식으로 모두 바꾼다는 둥, 매장 풍습을 금지하고 화장을 실시한다는 둥, 출산세를 걷는다는 둥, 천연두 예방 접종을 하면 불임이 된다는 둥 온갖 말이 떠돌았다.

조선의 백성과 서구의 만남도 어떤 면에서는 허무맹랑한 소문으로 시작되었다. 대한제국 멸망과 식민지 조선의 시작 역시 사람들 사이에 소문과 풍설로 존재하는 사건이었다. 이처럼 당시 저잣거리 풍경은 소문의 틈새 속에서 일상의 불만, 희망, 공포, 기대, 기쁨, 슬픔, 반발 등 인간의 만 가지 감정이 폭발하여 생긴 흔적들로 수놓아졌는지 모른다. 어쩌면 우리 삶을 미처 날뛰게 하고, 집요하게 갉아먹고, 요동치게 하는 것은 역사적 사건이나 진실이 아니라 실체를 알 수 없는 소문과 풍문이 아닐는지. 소문과 풍문은 우리의 불안을 먹고 자란다. 그 불안의 씨앗이 자라 저잣거리의 자잘한 사건과 사고 그리고 일상의 풍경을 연출하는 것은 아닐까. 그리하여 우리가 진정 기억해야 하는 가치들을 망각하게 만드는 것은 아닐까.

참고문헌

프롤로그

《독립신문》, 1896. 11. 14. | 《독립신문》, 1897. 10. 5. | 《독립신문》, 1897. 10. 12. | 《독립신문》, 1897. 10. 14. | 맹현정, 〈《별건곤》의 일러스트레이션 연구〉, 서울대학교 고고미술사학과 석사학위논문, 2012. | 황호덕, 〈漢文脈의 이미저리, 《大韓民報》(1909~1910) 漫評의 알레고리 읽기-1909년 연재분을 중심으로〉, 《대동문화연구》 제77집, 2012.

1장 | 무당과 점쟁이

〈논설〉, 《독립신문》, 1896. 5. 7. | 〈논설〉, 《독립신문》, 1897. 1. 7. | 《독립신문》, 1897. 10. 28. | 《독립신문》, 1897. 11. 27. | 《독립신문》, 1897. 2. 16. | 《독립신문》, 1897. 3. 9. | 《독립신문》, 1897. 5. 27. | 《독립신문》, 1897. 6. 5. | 〈개명 관리〉, 《독립신문》, 1898. 12. 26. | 〈토론 문제〉, 《독립신문》, 1898. 7. 9. | 〈족족 유여〉, 《독립신문》, 1899. 2. 20. | 〈경사묵묵〉, 《대한매일신보》, 1904. 8. 30. | 〈감옥서에 이수〉, 《대한매일신보》, 1907. 10. 26. | 〈수련의 운동〉, 《대한매일신보》, 1908. 3. 18. | 〈수련 방송〉, 《대한매일신보》, 1908. 3. 25. | 〈요괴와 미혹하는 것을 무슨 방법으로 타파할고〉, 《대한매일신보》, 1908. 7. 22. | 〈위로금 십만환〉, 《대한매일신보》, 1909. 11. 11. | 〈활동사진〉, 《대한매일신보》, 1909. 11. 21. | 〈사죄회 임원〉, 《대한매일신보》, 1909. 11. 28. | 〈무녀대회〉, 《대한매일신보》, 1910. 1. 16. | 〈요망스러워〉, 《대한매일신보》, 1910. 1. 18. | 〈시사평론〉, 《대한매일신보》, 1910. 3. 10. | 〈앙실방실한 요녀〉, 《대한매일신보》, 1910. 3. 15. | 〈퇴각해야지〉, 《대한매일신보》, 1910. 3. 4. | 국사편찬위원회, 《고종시대사》 3. 국사편찬위원회, 1972. | 정교, 조광 편, 변주승 역주, 《대한계년사》 7, 소명출판, 2004. | 황현, 임형택 외 역, 《역주 매천야록》 상, 문학과지성사, 2005.

2장 | 스캔들

〈야만의 행위〉, 《대한매일신보》, 1908. 10. 25. | 〈총리의 가족〉, 《대한매일신보》, 1908. 6. 18. | 〈何忍若是〉, 《황성신문》, 1909. 10. 6. | 〈예사라지〉, 《대한매일신보》, 1909. 2. 13. | 〈시사평론〉, 《대한매일신보》, 1909. 2. 18. | 〈추한 행실〉, 《대한매일신보》, 1909. 2. 5. | 〈성명 탐지〉, 《대한매일신보》, 1909. 2. 7. | 〈시사평론〉, 《대한매일신보》, 1909. 3. 14. | 〈사람은 일반인데〉, 《대한매일신보》, 1909. 3. 19. | 〈풍파리허〉, 《대한매일신보》, 1909. 4. 14. | 〈궁대망신〉, 《대한매일신보》, 1909. 4. 15. | 〈가정풍파〉, 《대한매일신보》, 1909. 4. 8. | 〈허튼수작〉, 《대한매일신보》, 1909. 8. 17. | 〈떡 해 먹어야겠네〉, 《대한매일신보》, 1909. 9. 19. | 〈비취가 나려 갔고나〉, 《대한매일신보》, 1910. 8. 16. | 〈허튼수작〉, 《대한매일신보》, 1910. 8. 17. | 황현, 임형택 외 역, 《역주 매천야록》 하, 문학과지성사, 2005.

3장 | 사생활

〈광고〉, 《독립신문》, 1897. 2. 4. | 〈서양혼례〉, 《독립신문》, 1899. 7. 14. | 〈광고〉, 《대한매일신보》, 1908. 4. 9. | 〈광고〉, 《대한매일신보》, 1908. 7. 3. | 〈광고〉, 《대한매일신보》, 1909. 11. 17. | 〈광고〉, 《대한매일신보》, 1909. 3. 28. | 〈광고〉, 《대한매일신보》, 1909. 4. 24. | 〈광고〉, 《대한매일신보》, 1909. 5. 16. | 〈광고〉, 《대한매일신보》, 1909. 5. 19. | 〈광고〉, 《대한매일신보》, 1909. 5. 20. | 〈광고〉, 《대한매일신보》, 1909. 5. 30. | 〈局外冷評〉, 《황성신문》, 1909. 9. 4.

4장 | 성병

〈논설〉, 《독립신문》, 1896. 6. 6. | 《독립신문》, 1896. 7. 11. | 〈논설〉, 《독립신문》, 1898. 2. 12. | 〈조심할 일〉, 《대한매일신보》, 1910. 5. 29. | 〈사향소창단〉, 《대한매일신보》, 1907. 10. 1. | 〈임질 전염〉, 《대한매일신보》, 1907. 10. 27. | 〈한국에 여자 교육의 필요〉, 《대한매일신보》, 1907. 12. 11. | 〈경고동포〉, 《대한매일신보》, 1908. 3. 10. | 〈매음녀 검사〉, 《대한매일신보》, 1908. 5. 12. | 〈남녀창병거근약〉, 《대한매일신보》, 1908. 6. 13. | 〈경찰관 무임〉, 《대한매일신보》, 1909. 3. 23. | 〈협률사폐단〉, 《대한매일신보》, 1909. 4. 2. | 〈매음녀 중치〉, 《대한

매일신보〉, 1909. 4. 3. | 〈패란풍속〉, 《대한매일신보》, 1909. 5. 29. | 〈밀매음녀 검사〉, 《대한
매일신보》, 1910. 6. 19. | 〈신소사 광증〉, 《대한매일신보》, 1910. 6. 2. | 〈허튼수작〉, 《대한매
일신보》, 1910. 6. 22. | 〈606호 주사에 중독되어 사망〉, 《매일신보》, 1917. 9. 2. | 황현, 임형
택 외 역, 《역주 매천야록》 상, 문학과지성사, 2005. | 이승원, 《사라진 직업의 역사》, 자음과
모음, 2011.

5장 | 통변

〈죄인포박〉, 《독립신문》, 1898. 10. 1. | 〈협회충분〉, 《독립신문》, 1898. 10. 1. | 〈법대주의〉,
《독립신문》, 1898. 10. 11. | 〈대옥급결〉, 《독립신문》, 1898. 10. 12. | 〈獄囚宣告〉, 《황성신
문》, 1898. 10. 12. | 〈판결선고서〉, 《독립신문》, 1898. 10. 14. | 〈결옥사건〉, 《독립신문》,
1898. 10. 19. | 〈김홍륙 입성〉, 《독립신문》, 1898. 10. 7. | 〈만국공론〉, 《독립신문》, 1898. 10.
7. | 《독립신문》, 1898. 2. 26. | 《협성회회보》, 1898. 2. 26. | 《독립신문》, 1898. 3. 1. | 《독립
신문》, 1898. 3. 15. | 〈협성회회보〉, 1898. 3. 19. | 《독립신문》, 1898. 3. 31. | 《매일신문》,
1898. 4. 21. | 《매일신문》, 1898. 5. 12. | 〈대감세력〉, 《독립신문》, 1898. 8. 17. | 〈성하면 쇠
한다〉, 《독립신문》, 1898. 8. 25. | 〈김홍륙〉, 《독립신문》, 1898. 8. 26. | 《독립신문》, 1898. 8.
26. | 《매일신문》, 1898. 8. 26. | 〈정동대감 귀양〉, 《독립신문》, 1898. 8. 27. | 〈법관실수〉, 《독
립신문》, 1898. 8. 29. | 〈方査得情〉, 《황성신문》, 1898. 9. 16. | 〈풍설〉, 《독립신문》, 1898. 9.
16. | 《매일신문》, 1898. 9. 16. | 〈移囚監獄〉, 《황성신문》, 1898. 9. 17. | 〈죄인 거류〉, 《독립
신문》, 1898. 9. 17. | 〈홍륙 흉모〉, 《독립신문》, 1898. 9. 17. | 《매일신문》, 1898. 9. 17. | 〈숙
청궁금〉, 《독립신문》, 1898. 9. 24. | 《매일신문》, 1898. 9. 24. | 〈不審免官〉, 《황성신문》,
1898. 9. 26. | 〈협회공론〉, 《독립신문》, 1898. 9. 27. | 〈吾不信也〉, 《황성신문》, 1898. 9. 6. |
〈통변도 고빙〉, 《대한매일신보》, 1907. 8. 16. | 〈통사의 작간〉, 《대한매일신보》, 1907. 9. 5. |
〈통변자의 협잡인지〉, 《대한매일신보》, 1908. 1. 13. | 〈豚犬縱橫〉, 《대한매일신보》, 1908.
10. 6. | 〈정탐하는 자와 통변하는 자의 행패〉, 《대한매일신보》, 1908. 10. 8. | 〈통변일인포
살〉, 《대한매일신보》, 1908. 11. 27. | 〈통역의 패류〉, 《대한매일신보》, 1908. 11. 29. | 〈통사
놈의 행위〉, 《대한매일신보》, 1908. 11. 8. | 〈보조원 행패〉, 《대한매일신보》, 1908. 12. 5. |
〈악하고 또 악하다〉, 《대한매일신보》, 1908. 12. 5. | 〈通辯行悖〉, 《황성신문》, 1908. 8. 4. |

〈임병과 통변〉,《대한매일신보》, 1908. 9. 5. | 〈대협잡군〉,《대한매일신보》, 1909. 1. 21. | 〈보조원 행패〉,《대한매일신보》, 1909. 1. 6. | 〈악한 통사 놈〉,《대한매일신보》, 1909. 1. 6. | 〈송화의 마귀〉,《대한매일신보》, 1909. 2. 12. | 〈변가협잡〉,《대한매일신보》, 1909. 3. 3. | 〈별별잡놈〉,《대한매일신보》, 1909. 4. 6. | 〈정탐객 모집〉,《대한매일신보》, 1909. 5. 20. | 정교, 조광 편, 이철성 역주,《대한계년사》2, 소명출판, 2004. | 정교, 조광 편, 김우철 역주,《대한계년사》3, 소명출판, 2004. | 이승원,《학교의 탄생》, 휴머니스트, 2005.

6장 | 만민공동회

《독립신문》, 1898. 3. 2 |《독립신문》, 1898. 3. 15 |《독립신문》, 1898. 5. 5. | 〈만민공동회〉,《독립신문》, 1898. 7. 4. | 〈회규엄속〉,《독립신문》, 1898. 7. 5. | 〈공동회편지〉,《독립신문》, 1898. 7. 6. | 〈아혹해석〉,《독립신문》, 1898. 7. 9. | 〈각회충의〉,《독립신문》, 1898. 7. 18. | 〈공동회편지〉,《독립신문》, 1898. 11. 4. | 〈조약소여당〉,《독립신문》, 1898. 11. 4. | 〈고관퇴출〉,《독립신문》, 1898. 11. 7. | 〈면관사건〉,《독립신문》, 1898. 11. 9. | 〈만민의통분〉,《독립신문》, 1898. 11. 16. | 〈회장입시〉,《독립신문》, 1898. 11. 16. | 〈만민공동회 五차 상소〉,《독립신문》, 1898. 11. 18. | 〈만민공동회 五차 상소 (전호 연속)〉,《독립신문》, 1898. 11. 19. | 〈통첩 원문보기〉,《독립신문》, 1898. 11. 19. | 〈만민공동회 六차 상소〉,《독립신문》, 1898. 11. 21. | 〈어저께광경〉,《독립신문》, 1898. 11. 22. | 〈어떤 친구의 편지〉,《독립신문》, 1898. 11. 24. | 〈만민의리〉,《독립신문》, 1898. 11. 24. | 〈전설분석〉,《독립신문》, 1898. 11. 26. | 〈만민회엄속〉,《독립신문》, 1898. 11. 26 | 〈국태민안〉,《독립신문》, 1898. 11. 28. | 〈당당충애〉,《독립신문》, 1898. 11. 29. | 〈협회의리〉,《독립신문》, 1898. 11. 29. | 〈동포의대표〉,《독립신문》, 1898. 11. 29. | 〈의사장례〉,《독립신문》, 1898. 12. 2. | 〈무슨회〉,《독립신문》, 1898. 12. 5. | 〈평토제축문〉,《독립신문》, 1898. 12. 5. | 〈충애감인〉,《독립신문》, 1898. 12. 5. | 〈의리 있는 부상〉,《독립신문》, 1898. 12. 6. | 〈공동회상소〉,《독립신문》, 1898. 12. 7. | 〈아동의리〉,《독립신문》, 1898. 12. 22. | 정교, 조광 편, 이상식 역주,《대한계년사》4, 2004.

7장 | 도박

《독립신문》, 1896. 12. 29. | 《독립신문》, 1898. 1. 18. | 〈잡기 대방가〉, 《독립신문》, 1899. 2. 25. | 〈아동 잡기〉, 《대한매일신보》, 1904. 12. 9. | 〈순검불검〉, 《대한매일신보》, 1904. 8. 13. | 〈또 하나 죽었네〉, 《대한매일신보》, 1907. 7. 3. | 〈삼십육계〉, 《대한매일신보》, 1907. 7. 9. | 〈시사평론〉, 《대한매일신보》, 1907. 8. 23. | 〈박씨가 몸 달았네〉, 《대한매일신보》, 1908. 11. 22. | 〈화투 빛 청장〉, 《대한매일신보》, 1908. 12. 31. | 〈시사평론 −花局得失〉, 《대한매일신보》, 1908. 2. 12. | 〈노름빛에 쫓겨〉, 《대한매일신보》, 1908. 3. 1. | 〈삼씨 이수〉, 《대한매일신보》, 1908. 4. 9. | 〈기생 방송〉, 《대한매일신보》, 1908. 7. 16. | 〈잡기군 피착〉, 《대한매일신보》, 1908. 8. 4. | 〈시사평론 −不報不人〉, 《대한매일신보》, 1909. 1. 7. | 〈무서워서〉, 《대한매일신보》, 1909. 11. 16. | 〈어리석다〉, 《대한매일신보》, 1909. 12. 8. | 〈중화군 잡기〉, 《대한매일신보》, 1909. 2. 13. | 〈개성 여론〉, 《대한매일신보》, 1909. 2. 19. | 〈시사평론 −韓人佩符〉, 《대한매일신보》, 1909. 2. 2. | 〈시사평론 −是何人種〉, 《대한매일신보》, 1909. 2. 25. | 〈득실 상반〉, 《대한매일신보》, 1909. 3. 18. | 〈산정 화투〉, 《대한매일신보》, 1909. 3. 2. | 〈총리집 화투판〉, 《대한매일신보》, 1909. 3. 4. | 〈무엇을 경찰〉, 《대한매일신보》, 1909. 4. 29. | 〈이씨 화투〉, 《대한매일신보》, 1909. 4. 9. | 〈효유 방송〉, 《대한매일신보》, 1909. 5. 1. | 〈인정소요〉, 《대한매일신보》, 1909. 5. 19. | 〈알 굴리는 노름〉, 《대한매일신보》, 1909. 5. 30. | 〈별실의 행위〉, 《대한매일신보》, 1909. 6. 11. | 〈비밀정탐〉, 《대한매일신보》, 1909. 6. 11. | 〈못된 놈들〉, 《대한매일신보》, 1909. 9. 12. | 〈그런 여인은 다 죽어야지〉, 《대한매일신보》, 1910. 1. 21. | 〈시사평론〉, 《대한매일신보》, 1910. 2. 26. | 〈똑 따먹었네〉, 《대한매일신보》, 1910. 3. 15. | 〈왜 금치 않노〉, 《대한매일신보》, 1910. 3. 23. | 〈덜어 속여야지〉, 《대한매일신보》, 1910. 3. 29. | 〈그것은 참 잘했다〉, 《대한매일신보》, 1910. 3. 31. | 〈화투는 할 만한가〉, 《대한매일신보》, 1910. 4. 16. | 〈꿈을 깨어야지〉, 《대한매일신보》, 1910. 5. 24. | 〈무엄한 일〉, 《대한매일신보》, 1910. 6. 1. | 〈그래 싸지〉, 《대한매일신보》, 1910. 6. 17. | 〈맛 좋겠구나〉, 《대한매일신보》, 1910. 6. 17. | 〈이씨 치료〉, 《대한매일신보》, 1910. 6. 18. | 〈화투로 염려〉, 《대한매일신보》, 1910. 6. 29.

8장 | 청결

〈논설〉, 《독립신문》, 1896. 5. 20. | 〈논설〉, 《독립신문》, 1896. 5. 19. | 〈논설〉, 《독립신문》, 1896. 12. 12. | 〈논설〉, 《독립신문》, 1897. 6. 5. | 〈논설〉, 《독립신문》, 1897. 9. 2. | 〈위생 사업〉, 《독립신문》, 1899. 2. 7. | 〈위생론〉, 《독립신문》, 1899. 6. 21. | 〈회중잡보〉, 《협성회회보〉, 1898. 1. 1. | 〈광고〉, 《매일신문》, 1898. 8. 22. | 〈세계 신탕〉, 《대한매일신보》, 1904. 10. 13. | 〈억지로 치료〉, 《대한매일신보》, 1907. 10. 6. | 〈시사평론〉, 《대한매일신보》, 1908. 1. 18. | 〈위생에 요긴한 조목〉, 《대한매일신보》, 1909. 10. 27. | 〈죄수 위생〉, 《대한매일신보》, 1907. 12. 20. | 〈가정 주의〉, 《대한매일신보》, 1908. 3. 12. | 〈목욕탕 설시〉, 《대한매일신보》, 1908. 7. 11. | 〈목욕탕 풍파〉, 《대한매일신보》, 1908. 9. 1. | 〈목욕탕 신설〉, 《대한매일신보》, 1908. 10. 22. | 〈한인 목욕탕〉, 《대한매일신보》, 1909. 10. 30. | 〈광고〉, 《대한매일신보》, 1908. 5. 23. | 〈광고〉, 《대한매일신보》, 1910. 1. 18. | 〈광고〉, 《황성신문》, 1899. 11. 14. | 〈이발소 조합〉, 《대한매일신보》, 1908. 2. 21. | 〈이발기념〉, 《대한매일신보》, 1909. 3. 31. | 〈순사에게만〉, 《대한매일신보》, 1909. 8. 25. | 〈그것까지〉, 《대한매일신보》, 1910. 6. 17. | 〈광고〉, 《대한매일신보》, 1907. 9. 4. | 〈이발광고〉, 《대한매일신보》, 1908. 10. 28. | 〈특별이발광고〉, 《대한매일신보》, 1910. 3. 29. | 〈광고〉, 《대한매일신보》, 1910. 4. 14. | 〈광고〉, 《대한매일신보》(국한문), 1908. 1. 4. | 〈시사필언〉, 《제국신문》, 1901. 3. 23.

9장 | 생계형 협력자

〈강서원류〉, 《대한매일신보》, 1904. 9. 1. | 〈잡혔다 놓여〉, 《대한매일신보》, 1908. 12. 31. | 〈서씨 피착〉, 《대한매일신보》, 1909. 10. 30. | 〈무엇 보았나〉, 《대한매일신보》, 1909. 12. 12. | 〈출출망골일세〉, 《대한매일신보》, 1909. 12. 18. | 〈시사평론〉, 《대한매일신보》, 1909. 12. 19. | 〈정당한 책망〉, 《대한매일신보》, 1909. 12. 21. | 〈시사평론〉, 《대한매일신보》, 1909. 12. 22. | 〈장서는 왜 했노〉, 《대한매일신보》, 1909. 12. 24. | 〈질문하고 구타〉, 《대한매일신보》, 1909. 12. 25. | 〈시사평론〉, 《대한매일신보》, 1909. 12. 28. | 〈백원에 팔렸군〉, 《대한매일신보》, 1910. 1. 14. | 〈시사평론〉, 《대한매일신보》, 1910. 1. 20. | 〈시사평론〉, 《대한매일신보》, 1910. 1. 22. | 〈또 장서해〉, 《대한매일신보》, 1910. 1. 23. | 〈죄악만 짓는다〉, 《대한매일신보》, 1910. 1. 25. | 〈논설〉, 《대한매일신보》, 1910. 1. 27. | 〈엄절히 효유〉, 《대한매일신보》,

1910. 2. 1. | 〈쥐 숨듯하여〉, 《대한매일신보》, 1910. 2. 1. | 〈권씨는 상관없어〉, 《대한매일신보》, 1910. 2. 1. | 〈면막당했다〉, 《대한매일신보》, 1910. 2. 3. | 〈아귀 작란 단속했다〉, 《대한매일신보》, 1910. 2. 3. | 〈경고문 압수〉, 《대한매일신보》, 1910. 2. 5. | 〈시사평론〉, 《대한매일신보》, 1910. 2. 5. | 〈애걸복걸 쓸데없다〉, 《대한매일신보》, 1910. 2. 6. | 〈시사평론〉, 《대한매일신보》, 1910. 2. 9. | 〈아귀들 싸움했다〉, 《대한매일신보》, 1910. 2. 17. | 〈아귀 회동〉, 《대한매일신보》, 1910. 2. 26. | 〈아귀가 투명했다고〉, 《대한매일신보》, 1910. 3. 1. | 〈시사평론〉, 《대한매일신보》, 1910. 3. 6. | 〈또 매 맞을 뻔했다〉, 《대한매일신보》, 1910. 3. 9. | 〈박쥐로구나〉, 《대한매일신보》, 1910. 3. 11. | 〈마귀 또 발동한다〉, 《대한매일신보》, 1910. 3. 16. | 〈시사평론〉, 《대한매일신보》, 1910. 3. 18. | 〈어서 해산하지〉, 《대한매일신보》, 1910. 3. 19. | 〈세 놈이 꼭 같다〉, 《대한매일신보》, 1910. 5. 19. | 〈서창보 자퇴〉, 《대한매일신보》, 1910. 5. 24. | 〈흥당론죄〉, 《대한매일신보》, 1910. 6. 23. | 〈흔적없이 쥐 숨듯〉, 《대한매일신보》, 1910. 6. 24. | 〈검계단 방문〉, 《대한매일신보》, 1910. 6. 24. | 〈무슨 명의인고〉, 《대한매일신보》, 1910. 7. 1. | 〈검계단 형탐〉, 《대한매일신보》, 1910. 7. 1. | 〈김씨 피착〉, 《대한매일신보》, 1910. 7. 6. | 〈사문 후 방송〉, 《대한매일신보》, 1910. 7. 9. | 〈김씨 백방〉, 《대한매일신보》, 1910. 8. 2.

10장 | 사진

〈논설〉, 《독립신문》, 1898. 9. 22. | 〈偏寫艶影〉, 《황성신문》, 1898. 9. 24. | 〈광고〉, 《독립신문》, 1899. 1. 6. | 〈교동 사진관〉, 《독립신문》, 1899. 12. 4. | 〈사진이 보물〉, 《독립신문》, 1899. 4. 4. | 〈사진 두 장〉, 《독립신문》, 1899. 8. 14. | 〈美術寫眞〉, 《황성신문》, 1900. 10. 11. | 〈校洞 漢陽寫眞舘 高橋常三郎〉, 《황성신문》, 1900. 12. 15. | 〈新時体美術的 風俗風景畵葉書 發賣 廣告〉, 《황성신문》, 1901. 12. 6. | 〈寫眞舘 玉川堂 主 藤田庄三郎〉, 《황성신문》, 1902. 1. 10. | 〈혼례 성의〉, 《대한매일신보》, 1905. 1. 25. | 〈황태자 유람〉, 《대한매일신보》, 1907. 10. 2. | 〈사진 기념〉, 《대한매일신보》, 1907. 7. 3. | 〈寫眞開舘〉, 《대한매일신보》, 1907. 8. 16. | 〈사진 기념〉, 《대한매일신보》, 1907. 8. 30. | 〈광고〉, 《대한매일신보》, 1908. 2. 8. | 〈사진관 흥왕〉, 《대한매일신보》, 1908. 3. 4. | 〈서씨 개가〉, 《대한매일신보》, 1908. 9. 16. | 〈의복 사진〉, 《대한매일신보》, 1909. 12. 17. | 〈무엄한 촌맹〉, 《대한매일신보》,

1909. 6. 26. | 〈폐지 지경〉, 《대한매일신보》, 1909. 6. 29. | 〈사진으로 봉변〉, 《대한매일신보》, 1909. 8. 25. | 〈갚을 것이지〉, 《대한매일신보》, 1909. 9. 1. | 〈사진과정 설립〉, 《대한매일신보》, 1910. 1. 20. | 〈사진은 왜〉, 《대한매일신보》, 1910. 2. 23. | 〈미술 영업〉, 《대한매일신보》, 1910. 2. 24. | 〈이것도 치안방해라고〉, 《대한매일신보》, 1910. 3. 31. | 〈치안방해도 많아〉, 《대한매일신보》, 1910. 3. 31. | 이사벨라 버드 비숍, 이인화 역, 《한국과 그 이웃 나라들》, 살림, 1994. | 샤를 바라·샤이에 롱, 성귀수 역, 《조선기행》, 눈빛, 2001. | 황현, 임형택 외 역, 《역주 매천야록》 상, 문학과지성사, 2005. | 이왕무, 〈대한제국기 순종의 남순행 연구〉, 《정신문화연구》 107호, 2007. | 김소영, 〈순종황제의 남서순행과 충군애국론〉, 《한국사학보》 39호, 2010. 5.

11장 | 개 규칙

〈개도 살 수 없소〉, 《대한매일신보》, 1907. 10. 17. | 〈이상한 개〉, 《대한매일신보》, 1907. 7. 10. | 〈시사평론〉, 《대한매일신보》, 1907. 8. 16. | 〈박중양의 참혹한 심술〉, 《대한매일신보》, 1908. 11. 4. | 〈백정 순사〉, 《대한매일신보》, 1908. 12. 10. | 〈중양타령−대구동요〉, 《대한매일신보》, 1909. 1. 16. | 〈패 없는 개 박살〉, 《대한매일신보》, 1909. 10. 20. | 〈패채운 개는 못 물던가〉, 《대한매일신보》, 1909. 11. 20. | 〈시사평론〉, 《대한매일신보》, 1909. 11. 24. | 〈개 잡는 경찰〉, 《대한매일신보》, 1909. 3. 19. | 〈사람의 개 행실〉, 《대한매일신보》, 1909. 3. 28. | 〈개만도 못한 왜놈〉, 《대한매일신보》, 1909. 6. 12. | 〈畜犬團束規則〉, 《황성신문》, 1909. 6. 13. | 〈畜犬規則將施〉, 《황성신문》, 1909. 6. 30. | 〈관보〉 제4460호, 1909. 6. 30. | 〈개 규칙 보소〉, 《대한매일신보》, 1909. 7. 1. | 〈개 잡어〉, 《대한매일신보》, 1909. 7. 13. | 〈박살고시〉, 《대한매일신보》, 1909. 7. 14. | 〈砲殺漂母〉, 《황성신문》, 1909. 7. 20. | 〈畜犬減少〉, 《황성신문》, 1909. 7. 21. | 〈개도 난리 만났네〉, 《대한매일신보》, 1909. 7. 22. | 〈시사평론〉, 《대한매일신보》, 1909. 7. 25. | 〈犬則實施〉, 《황성신문》, 1909. 7. 7. | 〈犬規申飭〉, 《황성신문》, 1909. 7. 8. | 〈개 값 싸지〉, 《대한매일신보》, 1909. 7. 9. | 〈撲犬實行〉, 《황성신문》, 1909. 8. 10. | 〈만나는 대로 박살〉, 《대한매일신보》, 1910. 1. 25. | 〈별별 책이로고〉, 《대한매일신보》, 1910. 3. 2. | 〈개도 난리 만나〉, 《대한매일신보》, 1910. 6. 25.

12장 | 정신병

〈근세 전쟁의 정신병〉, 《대한매일신보》, 1905. 3. 2. | 〈渠亦致死〉, 《황성신문》, 1907. 10. 8. | 〈변괴는 변괴지〉, 《대한매일신보》, 1907. 11. 12. | 〈回祿頻煩〉, 《황성신문》, 1907. 3. 2. | 〈發狂斃妻〉, 《황성신문》, 1907. 4. 1. | 〈狂人留置〉, 《황성신문》, 1908. 11. 28. | 〈시사평론〉, 《대한매일신보》, 1908. 2. 14. | 〈시사평론〉, 《대한매일신보》, 1908. 3. 22. | 〈한씨 방송〉, 《대한매일신보》, 1908. 4. 4. | 〈박씨 성광〉, 《대한매일신보》, 1908. 5. 31. | 〈宣教師死因〉, 《황성신문》, 1909. 6. 30. | 〈신소사 광증〉, 《대한매일신보》, 1910. 6 .2. | 〈구걸해다 기도하면〉, 《대한매일신보》, 1910. 6. 22. | 〈禱神費求乞〉, 《황성신문》, 1910. 6. 22. | 〈안씨 보방〉, 《대한매일신보》, 1910. 6. 7. | 〈無事永放〉, 《황성신문》, 1910. 7. 31. | 〈안씨 백방〉, 《대한매일신보》, 1910. 7. 31. | 〈광대버섯을 먹었던게로고〉, 《대한매일신보》, 1910. 8. 6. | 이부영, 〈전통의학의 정신질환 개념에 관한 연구〉, 《신경정신의학》 40권 6호, 2001. | 이방현, 〈일제시대 신문에 나타난 정신질환자 사회표상〉, 이화여대 사회복지학과 박사학위논문, 2010. | 한규무·노기욱, 〈대한제국기 경성고아원의 설립과 운영〉, 《향토서울》 제76호, 2010. | 김동식, 〈신소설에 등장하는 죽음의 양상〉, 《한국현대문학연구》 11집, 2002.

13장 | 추첨

〈抽籤退期〉, 《황성신문》, 1899. 6. 19. | 〈萬中一喜〉, 《황성신문》, 1899. 6. 24. | 〈萬喜十竊〉, 《황성신문》, 1899. 6. 28. | 〈彩會不利〉, 《황성신문》, 1899. 7. 4. | 〈卷烟大發賣景况〉, 《황성신문》, 1900. 7. 20. | 〈광고〉, 《황성신문》, 1903. 12. 21. | 〈광고〉, 《황성신문》, 1905. 10. 18. | 〈광고〉, 《대한매일신보》, 1906. 12. 5. | 〈留學生沸血〉, 《황성신문》, 1907. 4. 8. | 〈박람회 내부 한국 부인의 사건〉, 《太極學報》 11호, 1907. 6. | 〈기서〉, 《대한매일신보》, 1907. 6. 19. | 〈광고〉, 《대한매일신보》, 1907. 10. 18. | 〈광고〉, 《황성신문》, 1907. 11. 10. | 〈박람회 추첨 사실〉, 《대한매일신보》, 1907. 11. 13. | 〈박람회 추첨〉, 《대한매일신보》, 1907. 11. 13. | 〈奪財方針〉, 《대한매일신보》, 1907. 11. 13. | 〈陳列所抽籤〉, 《황성신문》, 1907. 12. 3. | 〈광고〉, 《황성신문》, 1907. 12. 4. | 〈진열소 추첨〉, 《대한매일신보》, 1907. 12. 6. | 〈日殺韓人〉, 《대한매일신보》, 1907. 7. 3. | 〈광고〉, 《황성신문》, 1908. 2. 14. | 〈추첨회 교섭〉, 《대한매일신보》, 1908. 2. 20. | 〈부인추첨〉, 《대한매일신보》, 1908. 5. 10. | 〈贈品及抽籤〉, 《황성신문》, 1909.

6. 17. | 〈광고〉, 《황성신문》, 1909. 6. 19. | 〈광고〉, 《황성신문》, 1910. 3. 11. | 〈時計下賜〉, 《황성신문》, 1910. 9. 10. | 〈誕辰抽籤〉, 《황성신문》, 1910. 9. 9. | 《조선왕조실록》, 고종 13년 (1876) 1월 23일.

14장 | 일본 관광단

〈관광단유람〉, 《황성신문》, 1909. 3. 16. | 〈旅費擔給〉, 《황성신문》, 1909. 4. 13. | 〈전별성 황〉, 《황성신문》, 1909. 4. 13. | 〈관광단 보내는 일〉, 《대한매일신보》, 1909. 4. 14. | 〈자객이 누군지〉, 《대한매일신보》, 1909. 4. 23. | 〈제2관광단〉, 《대한매일신보》, 1909. 4. 25. | 〈시사 평론〉, 《대한매일신보》, 1909. 4. 7. | 〈시사평론〉, 《대한매일신보》, 1909. 4. 9. | 〈시사평론〉, 《대한매일신보》, 1909. 4. 9. | 〈정씨 강직〉, 《대한매일신보》, 1909. 5. 13. | 〈무슨 환영〉, 《대 한매일신보》, 1909. 5. 25. | 〈관광환영〉, 《황성신문》, 1909. 5. 6. | 〈光團기부〉, 《황성신문》, 1909. 5. 7. | 〈환영절차 의론〉, 《대한매일신보》, 1909. 6. 10. | 〈학생 의분〉, 《대한매일신보》, 1909. 6. 11. | 〈학생계에 새 광채〉, 《대한매일신보》, 1909. 6. 12. | 〈선유사파송〉, 《대한매일 신보》, 1909. 6. 19. | 〈관광단과 친목회〉, 《대한매일신보》, 1909. 6. 22. | 〈비루한 군수〉, 《대 한매일신보》, 1909. 6. 24. | 〈눌러보아〉, 《대한매일신보》, 1909. 7. 17. | 박기순, 《관광약기》, 일호서림, 1910. | 황현, 임형택 외 역, 《역주 매천야록》 하, 문학과지성사, 2005.

15장 | 얼개화꾼

《독립신문》, 1897. 3. 9. | 〈한국에 여자 교육의 필요〉, 《대한매일신보》, 1907. 12. 11. | 〈시사 평론〉, 《대한매일신보》, 1907. 12. 28. | 〈시사평론〉, 《대한매일신보》, 1907. 12. 5. | 〈진명부 인회〉, 《대한매일신보》, 1907. 7. 4. | 東海 一笑生, 〈비난지사〉, 《대한매일신보》, 1907. 9. 6. | 〈학교가〉, 《대한매일신보》, 1907. 9. 7. | 〈시사평론〉, 《대한매일신보》, 1908. 1. 15. | 〈경부 칭송〉, 《대한매일신보》, 1908. 4. 16. | 기생 롱운, 〈교육이 제일 급선무〉, 《대한매일신보》, 1908. 5. 22. | 기생 롱운, 〈교육이 제일 급선무(속)〉, 《대한매일신보》, 1908. 5. 23. | 기생 롱 운, 〈교육이 제일 급선무(완)〉, 《대한매일신보》, 1908. 5. 28. | 〈무녀열심〉, 《대한매일신보》, 1909. 5. 1. | 위위생 오상준, 〈오늘날 지사라 하는 자들을 조상하노라〉, 《대한매일신보》,

1909. 8. 3. | 정교, 조광 편, 변주승 역주, 《대한계년사》 7, 소명출판, 2004.

에필로그

〈유일기수〉, 《대한매일신보》, 1904. 8. 25. | 〈협태생남〉, 《대한매일신보》, 1904. 8. 25. | 〈이 쥐 보아라〉, 《대한매일신보》, 1907. 7. 14. | 〈혜성 지나갔다〉, 《대한매일신보》, 1910. 4. 21. | 〈혜성 발현〉, 《대한매일신보》, 1910. 4. 30. | 〈혜성 소문〉, 《대한매일신보》, 1910. 5. 1. | 〈지 구 멸망한다는 말〉, 《대한매일신보》, 1910. 5. 13. | 〈경동은 왜〉, 《대한매일신보》, 1910. 5. 17. | 〈혜성의 말을 해석하여 한국 동포를 경계하노라〉, 《대한매일신보》, 1910. 5. 19. | 〈시사 평론〉, 《대한매일신보》, 1910. 5. 24. | 〈혜성 추측한 소식〉, 《대한매일신보》, 1910. 5. 26. | 〈경성에 출현한 핼리혜성〉, 《대한매일신보》, 1910. 6. 9. | 〈유언비어 물신〉, 《매일신보》, 1910. 10. 12. | 〈종두방해자 엄사〉, 《매일신보》, 1910. 10. 14. | 〈맹랑한 소문〉, 《대한매일신 보》, 1910. 5. 22. | 〈言出無根〉, 《매일신보》, 1910. 9. 1. | 〈각도의 정황〉, 《매일신보》, 1910. 9. 27. | 오비디우스, 이윤기 역, 《변신이야기》 2, 민음사, 1998. | 권보드래, 《1910년대, 풍문 의 시대를 읽다》, 동국대학교출판부, 2008.

저잣거리의 목소리들

1900년, 여기 사람이 있다

지은이   이승원

■

2014년 4월 14일 초판 1쇄 발행

■

책임편집   홍보람
편집자   선완규·안혜련·홍보람
디자인   민진기디자인
용지   화인페이퍼

■

펴낸이   선완규
펴낸곳   천년의상상
등록   2012년 2월 14일 제300-2012-27호
주소   (121-865) 서울시 마포구 동교로 45길 26 101호
전화   (02) 739-9377
팩스   (02) 739-9379
이메일   imagine1000@naver.com
블로그   blog.naver.com/imagine1000

■

© 이승원, 2014

■

ISBN   978-89-968706-8-5 03900

이 도서의 국립중앙도서관 출판시도서목록(CIP)은 서지정보유통지원시스템 홈페이지(http://seoji.nl.go.kr)와
국가자료공동목록시스템(http://www.nl.go.kr/kolisnet)에서 이용하실 수 있습니다.
(CIP제어번호: CIP2014010046)